Giusepp ria Toti

per diabetici

e iperglicemici

DEMETRA

Referenze fotografiche: Archivio Giunti; Corbis/Contrasto, Milano (pp. 38, 40a, 83, 100); Granata Press Service, Milano (pp. 6, 10); Zefa/Sie, Roma (p. 5); Archivio Giunti/Capture Dreams Studio, Firenze (p. 40b); Archivio Giunti/G. Valsecchi, Firenze (pp. 24, 25, 27, 32, 41, 43, 46, 48, 59, 61, 67, 68, 70, 73, 75, 77, 80, 82, 86, 88, 91, 97).

GIUSEPPE SANGIORGI CELLINI nutrizionista, specialista in Scienza dell'Alimentazione, Biochimica e Chimica clinica, professore di Fisiologia della Nutrizione presso il Centro post-universitario di Medicina Ambulatoriale di Bologna.
ANNAMARIA TOTI nutrizionista e gastronoma.
Divulgatori di fama, hanno con la "teoria degli archetipi" dato un contributo originale e innovativo all'utilizzo della gastronomia in dietologia.
Sono autori di numerose pubblicazioni, anche di risonanza internazionale.

Si ricorda che la scelta e la prescrizione di una giusta terapia come di un piano dietetico spettano esclusivamente al medico curante, che può anche valutare eventuali rischi collaterali (quali intossicazioni, intolleranze e allergie). Notizie, preparazioni, ricette, suggerimenti contenuti in questo volume hanno carattere puramente informativo e non terapeutico. Pertanto gli Autori e l'Editore non sono responsabili per eventuali danni o incidenti derivanti dall'utilizzo di queste informazioni senza il necessario controllo medico (autoterapia, automedicazione, autoprofilassi e così via).

www.giunti.it

Via Bolognese 165 - 50139 Firenze - Italia
Via G.B. Pirelli 30 - 20124 Milano - Italia
Prima edizione: gennaio 2005
Prima ristampa: aprile 2018
Terza ristampa: dicembre 2021

MISTO
Carta da fonti gestite in maniera responsabile
FSC® C016466
FSC www.fsc.org

Stampato presso Lito Terrazzi srl, stabilimento di Iolo.

Sommario

Introduzione

Quando nel 1993 pubblicammo la "teoria degli archetipi" intravedemmo la possibilità di utilizzare questa tecnica per formulare (o permettere di autoformulare) diete gastronomicamente appetibili di qualsiasi tipo per individui in condizioni fisiologiche o patologiche. Mediante l'inserimento di ricette di vario tipo in uno schema dietetico di riferimento, adattato ad hoc alle esigenze fisiche e comportamentali dell'individuo, è infatti possibile realizzare tutto ciò senza alterare i rapporti ideali fra i nutrienti. E per un paziente come il diabetico, che deve seguire per tutta la vita una alimentazione controllata, questa possibilità rappresenta una sensazionale conquista dietetica.

Nota al volume

- **Ogni ricetta ha un preciso significato dietologico solo se inserita:**
  - **nella dieta grezza di riferimento**
  - **con i quantitativi degli ingredienti alimentari adeguati al fabbisogno energetico e allo stato ponderale personali**
- *Partendo dal presupposto che l'unità di energia (e quindi di lavoro) è il Joule e non la caloria, ma volendo in questa prima fase di adozione del KJ (1000 Joule) in dietologia mantenere per praticità di misura e di riferimento la vecchia e impropria unità, esprimeremo generalmente i contenuti, gli introiti e i fabbisogni sia in Kcal sia in KJ, sapendo che il fattore di conversione delle Kcal in KJ è 4,184 (1Kcal=4,184 KJ).*

Parte prima

MANGIARE SANO

Conoscere le regole

Questo libro nasce dalla convinzione, oggi suffragata dall'esperienza e dai riscontri clinici, che il regime alimentare del diabetico non debba più ridursi, come è stato per il passato, a una lunga e mortificante serie di divieti. Il piacere della "normalità" conviviale deve diventare il principale protagonista, e l'esigenza di giuste proporzioni fra i principi energetici (proteine, lipidi, glucidi) e vitaminici, fibra, elementi minerali, acqua biologica e via dicendo, dovrà materializzarsi in menù gastronomicamente appetibili. Fortunatamente non esiste una tipologia dietetica vincolata al diabetico, ma qualunque ricetta, sana ed equilibrata, purché inserita in uno schema dietetico razionale, si adatta allo scopo.
Da questi presupposti siamo partiti cercando, con l'ausilio di un ricettario vario e sperimentato, di proporre una dieta equilibrata, saziante e al tempo stesso gratificante, che permetta di centrare con rapidità ed efficacia, e senza particolari sforzi o rinunce – nemmeno di gola! – alcuni importanti obiettivi immediati (riduzione degli sbalzi o di prolungate escursioni di glicemia, riduzione o eliminazione del glucosio nelle urine) e futuri (recupero o mantenimento del peso desiderabile o forma, normalizzazione del tasso di lipidi contenuti nel sangue, prevenzione dei disturbi renali e di quelli a carico dei piccoli e grandi vasi sanguigni).
Vediamo dunque, pur nei limiti di un testo che si propone essenzialmente come ricettario, alcune regole – alimentari e non – che il diabetico deve tenere presenti. Ci rivolgiamo a tutti coloro che sono affetti da questa sindrome, e in particolare a quelli che non associa-

no alla dieta terapie farmacologiche con insulina o con ipoglicemizzanti orali, perché riescono a mantenere in equilibrio il proprio metabolismo solo attraverso alcuni accorgimenti nutrizionali e di vita.
Questi diabetici (inclusi gli iperglicemici) sono, da un certo punto di vista, i più esposti ai rischi d'improvvisi sbalzi o innalzamenti del tasso glicemico, regolato solo dall'intensità di secrezione del pancreas; nel loro caso la secrezione risulta poco efficiente e/o l'insulina prodotta scarsamente efficace: una sistematica trasgressione – cosciente o no che sia – di alcune elementari regole di comportamento può perciò indurre squilibri metabolici di varia natura, con alternanza di fasi ipoglicemiche e iperglicemiche, aumento dei lipidi del sangue, presenza di glucosio nelle urine, e così via.
Da qui la necessità di definire o ripristinare alcune regole, in modo da consentire una pacifica convivenza con la malattia, senza però identificarsi con essa.

Buon senso ed equilibrio

Innanzitutto il diabetico dovrà cercare di vivere, per quanto la convulsa vita di oggi consente, in uno stato di calma interiore, cioè di benessere emotivo, che potrà essere raggiunto per esempio programmando con regolarità i propri impegni: l'inquietudine, l'apprensione e l'ansia, incrementando le secrezioni ormonali di adrenalina e cortisolo, inducono iperglicemia.
Dovrà inoltre riservare un po' del suo tempo al proprio corpo, dedicandosi – con moderazione ma anche con regolarità – a un'attività fisica: una buona camminata è in questi casi il più sano degli esercizi, specie quando si riesce a sfruttarne l'aspetto distensivo. La passeggiata, benefica per tutti, è infatti essenziale al diabetico, che da essa trae un potenziamento dell'efficacia insulinica, il mantenimento-incremento della massa muscolare, e un miglioramento della funzionalità cardio-

Quanti pasti consuma al giorno?
Nella giornata l'assunzione del cibo deve avvenire preferibilmente in cinque pasti: colazione, spuntino del mattino, pranzo, spuntino del pomeriggio, cena.
Tale comportamento favorisce la corretta utilizzazione degli alimenti da parte del nostro organismo, riducendo la produzione dei trigliceridi, del colesterolo e dell'acido urico.
Si consiglia di consumare gli alimenti soprattutto nella prima parte della giornata, con una abbondante colazione.

vascolare, in particolare di quella venoso-linfatica periferica (specie degli arti inferiori), che è spesso deficitaria.

Ma ritorniamo all'aspetto nutrizionale, che ovviamente riveste nel trattamento terapeutico un'importanza primaria, sia sotto il profilo quantitativo-qualitativo sia sotto quello della distribuzione degli alimenti.

Fondamentale per il diabetico è il mantenimento-raggiungimento del peso forma: la dieta dovrà dunque essere sempre adeguata al fabbisogno, e cioè normo-, ipo- o iperenergetica, a seconda della situazione di sovrappeso o sottopeso, anche se iper- ed ipoenergicità vanno contenute nel tempo ed entro certi limiti (una dieta ipoenergetica non deve ad esempio scendere per prolungati periodi sotto le 1000-1200 Kcal, pari a 4184-5021 KJ circa); il digiuno è in ogni caso da evitare. Di grande utilità è il controllo settimanale del peso, da effettuarsi di mattina, a digiuno, sempre con la stessa bilancia, dopo aver assolto le normali esigenze fisiologiche.

Per quanto riguarda l'aspetto qualitativo della dieta, le regole da seguire non sono poi molte, perché il diabetico può mangiare qualsiasi alimento, purché in quantità adeguate e sempre nell'ambito di un pasto misto, che veda cioè la presenza contemporanea dei vari principi nutritivi e della fibra alimentare.

Due precauzioni sono tuttavia d'obbligo: la prima riguarda l'assunzione degli zuccheri monodisaccaridici solubili ad assorbimento rapido (per esempio glucosio, saccarosio...); la seconda l'assunzione dei grassi, in particolare quelli di origine animale, e del colesterolo.

> **Spizzica durante la giornata?**
> *Bisogna assolutamente evitare di mangiucchiare continuamente perché questo talvolta è un comportamento indotto da ansia, noia, stress, bisogno di gratificazione, di sostegno psicologico, e tende a farvi perdere la cognizione della quantità di cibo che assumete nella giornata.*

Gli zuccheri solubili, equamente distribuiti nei vari pasti, vanno assunti nella quantità massima del 10% circa dell'energia totale, escludendo o riducendo drasticamente quelli aggiuntivi (lo zucchero da tavola e gli alimenti che lo contengono in elevata quantità, come caramelle, pasticcini, cioccolato, gelati, gelatine o sciroppi di frutta). Se però nella dieta prevalgono i carboidrati solubili di costituzione (cioè quelli naturalmente presenti nella frutta, nel latte e in altri alimenti) la percentuale complessiva può elevarsi.

Quanto ai grassi saturi e al colesterolo, l'attenzione va naturalmente rivolta a condimenti, intingoli, frattaglie, carni grasse, formaggi, burro, uova, cioè un po' a tutti gli alimenti di origine animale.

Un'eccezione può essere fatta per il pesce, che può "frequentare" la tavola del diabetico anche tre volte alla settimana, in porzioni da 100-150 g. Se poi non ci sono controindicazioni specifiche, un bicchiere di vino a pasto, purché secco e di moderata gradazione alcolica, non può che rendere ancora più gradevole la dieta. Sconsigliati sono invece i superalcolici e le bevande dolci, specie se consumati lontani dai pasti.

Ma, come abbiamo detto, non è sui divieti e sulle rigide privazioni, spesso immotivate, che il diabetico deve fondare i rapporti col cibo, quanto piuttosto sul buon senso e sul giusto equilibrio, che può raggiungere anche e soprattutto attraverso la conoscenza di se stesso e degli alimenti che compongono la sua dieta.

Siamo infatti convinti che se sistematiche trasgressioni alterano equilibri assai delicati e mettono in pericolo la salute, occasionali peccati di gola, contenuti e circoscritti nel tempo, non sconvolgono il quadro metabolico, e rendono certamente più gradevole la vita, o più sopportabile la convivenza con le malattie. Il diabetico rien-

> **Mangia la carne?**
> *La carne è un alimento proteico di cui ci si deve nutrire, ma in misura controllata, perché un eccesso può favorire i rischi di aterosclerosi e di alcune forme di neoplasia. È più che sufficiente, per un adulto, consumarla a giorni alterni, sostituendola con altri alimenti ricchi di proteine: pesce, legumi, associazioni di cereali e legumi, di cereali e latte, latte, yogurt, formaggi magri.*

tra appieno in questa regola generale. È nell'ottica di questa ponderata permissività che abbiamo individuato e poi riunito, nel compendio che segue, le più importanti norme comportamentali-dietologiche alle quali il diabetico dovrà attenersi, naturalmente *cum grano salis*.
Per tutti coloro che desiderano saperne di più, dopo il ricettario sono state indicate le motivazioni scientifiche più accreditate a conferma di alcune delle norme indicate.

Le regole auree da rispettare

› 1. *Mantenere sotto controllo il proprio peso, intervenendo con una riduzione dell'introito energetico giornaliero e/o con un aumento dell'attività fisica nei casi di sovrappeso od obesità.*

L'obiettivo primario da raggiungere attraverso l'alimentazione è del tutto diverso nel diabetico obeso rispetto a quello in normopeso. Nel primo è preminente il recupero del peso desiderabile o peso forma; nel secondo il raggiungimento di un equilibrio metabolico che si avvicini il più possibile a quello fisiologico.
Tuttavia anche quando si possiede il peso desiderabile o forma, l'adeguamento dell'introito al fabbisogno energetico è comunque di fondamentale importanza: come è stato ampiamente dimostrato, un'iperalimentazione che si prolunghi nel tempo induce nell'organismo una forzatura dei processi biochimico-funzionali, con intensificazione di alcune vie metaboliche secondarie, normalmente silenti o poco attive, a causa dell'intasamento di quelle primarie. Ciò produce scompensi che possono, già da soli, anticipare, provocare o aggravare il diabete.
Va comunque tenuto presente che fra i parametri capaci di attivare il "campanello d'allarme" nei confronti di alcune patologie (diabete, dislipidemie, arteriosclerosi, ipertensione, iperuricemia ecc.) il sovrappeso è uno dei più grossolani: altre indagini che

Mangia il prosciutto crudo?
Il prosciutto crudo è un'ottima carne conservata, ma va tenuto conto che 100 g di crudo contengono quasi la metà del contenuto di sodio concesso nella giornata. Va sgrassato e consumato come secondo piatto. Degli insaccati molto ricchi di grassi saturi (salame, salsiccia, pancetta) è bene fare un uso saltuario, in quantità limitata.

permettono di conoscere la quantità di massa grassa corporea, il rapporto massa magra/massa grassa, quello massa grassa viscerale/massa grassa sottocutanea, la dislocazione corporea del grasso, forniscono informazioni ben più significative.

› 2. *Frazionare l'introduzione di cibo nella giornata distribuendo gli alimenti, soprattutto quelli a prevalente composizione glucidica, in modo equo e regolare.*

Un errato frazionamento del cibo nella giornata può concorrere in maniera rilevante all'insorgenza e/o allo sviluppo della sindrome diabetica. Una non equa distribuzione del cibo, come per esempio la sua introduzione in un solo copioso pasto anziché in tre o più:

a) amplifica di oltre 10 volte l'intensità di una delle vie secondarie di degradazione del glucosio, con incremento della sintesi endogena di acidi grassi, trigliceridi, colesterolo e frequente insorgenza di dislipidemie.

b) produce un abnorme innalzamento glicemico e di conseguenza insulinemico, ai quali si deve, per svariati motivi, un aumento dei processi aterosclerotici, trombotici, precoagulativi, embolitici.

Priva la carne del grasso visibile prima di mangiarla?
La carne va sempre privata del grasso visibile, anche se questo ne diminuisce la gustosità. In ogni caso è necessario utilizzare le carni magre.

Una distribuzione ideale degli alimenti, in particolare di quelli a prevalente composizione in carboidrati, specie solubili, si basa sull'automonitoraggio della glicemia e della glicosuria. Questo metodo è assai indicato, perché permette a ognuno di conoscere la propria capacità di adattamento ai diversi carichi alimentari. Tuttavia esso ha dei limiti in quanto richiede tempo e costanza (l'indagine va ripetuta con sistematicità), oltre che le necessarie competenze "tecniche".

Noi consigliamo perciò di distribuire l'energia nel seguente modo:

› 10-12% circa nella prima colazione;
› 10-12% circa nello spuntino del mattino;
› 35-40% circa nel pranzo;
› 10-12% circa nello spuntino del pomeriggio;
› 25-30% circa nella cena.

Una tale suddivisione consente all'organismo di utilizzare fisiologicamente, cioè secondo le vie metaboliche normali, i vari nutrienti.

› 3. *Utilizzare una dieta: a basso contenuto di carboidrati monodisaccaridici solubili; a controllato contenuto di lipidi, in particolare di quelli saturi (di prevalente origine animale), e di colesterolo; a moderato contenuto di carboidrati polisaccaridici complessi (amidi); a elevato contenuto di fibra alimentare; a fisiologico contenuto di proteine.*

La dieta giornaliera dovrà essere ricca di alimenti di origine vegetale, e sotto il profilo compositivo dovrà possedere le seguenti caratteristiche:

a) Un controllato contenuto di lipidi (circa il 28-30% dell'energia totale). La restrizione è a carico soprattutto degli acidi grassi saturi che, tranne poche eccezioni, sono – insieme al colesterolo – fra i maggiori responsabili dell'aterogenicità della dieta. Una distribuzione ottimale (il 14% circa o più dell'energia totale da monoinsaturi, il 6-7% circa da polinsaturi e il 6-7% circa da saturi) si può realizzare abbastanza facilmente utilizzando l'olio extravergine d'oliva come unico ed esclusivo grasso di condimento.

La grande valorizzazione dietetica che gli acidi grassi monoinsaturi (e in particolare appunto l'oleico) hanno avuto di recente è dovuta al fatto che pur possedendo gli stessi effetti ipolipidemizzanti dei polinsaturi essi non comportano rischi di formazione di calcoli biliari, e anche assunti in alte dosi o sottoposti a elevate temperature formano esigue quantità di perossidi e di radicali liberi. Quanto al colesterolo la razione alimentare giornaliera non deve superare 200-250 mg.

b) Un buon contenuto di carboidrati complessi (circa il 35-40% dell'energia totale assorbita) e di fibra alimentare (28-30 g o più).

I carboidrati complessi rappresentano una fonte energetica di facile digeribilità e lenta assimilazione. Essi costituiscono la quota calorica più importante nell'ali-

Quale condimento usa di solito?
Si consiglia l'olio extravergine d'oliva quale unico grasso di condimento e di cottura.

mentazione di tutti, compreso il diabetico. Vanno però distribuiti in modo equo affinché la glicemia non subisca eccessivi sbalzi postprandiali.
La fibra ha un'importanza fondamentale sotto vari aspetti: la frazione solubile forma dei gel che riducono l'assorbimento di numerosi nutrienti e non; quella insolubile, richiamando acqua, incrementa il volume della massa fecale, con regolazione del ritmo intestinale. Va perciò assunta in elevata quantità e allo stato integro, direttamente con gli alimenti e non servendosi di prodotti dietetici. Affinché la fibra possa svolgere al meglio le sue azioni è necessario arricchire la dieta di molta acqua, soprattutto fuori pasto.

Mangia il formaggio?
Il formaggio è un alimento proteico, molto ricco di calcio (in forma facilmente assimilabile), ma anche di grassi saturi. Va utilizzato come secondo piatto, in quantità limitata, non più di 2 o 3 volte alla settimana. Non bisogna terminare il pasto con un pezzetto di formaggio come dessert. Evitate di abbinarlo con altri alimenti proteici di origine animale. Sono consigliabili alcune preparazioni casearie come Jocca, Vitasnella o i formaggi a minor contenuto lipidico: fiocchi di latte magro, fior di latte, mozzarella, ricotta di vacca (impropriamente catalogata fra i formaggi).

c) Un contenuto ristretto di carboidrati semplici: il 10% circa dell'energia totale (di cui solo un 2-3% da carboidrati aggiuntivi), incrementabile fino al 15% quando questi zuccheri sono esclusivamente di composizione e il loro carico si trova a essere sempre "adeguatamente protetto" dalle fibre dell'alimento o dagli altri principi alimentari del pasto (proteine, lipidi e così via).

d) Un contenuto fisiologico di proteine: circa il 15-20% dell'energia totale (di cui 2/3 di origine vegetale e 1/3 di origine animale).
Un contenuto proteico molto più elevato comporta infatti un inutile sovraccarico renale (giustificabile solo per un diabetico obeso in fase temporanea di trattamento ipoenergetico), e fa dunque sconsigliare al diabetico un abuso di proteine, soprattutto di origine animale (ad esempio la caseina, contenuta nel latte, nello yogurt, nei formaggi) che, in quantità eccessive, risultano aterogene.

Quante uova mangia ogni settimana?
L'uovo è un prezioso alimento sotto diversi aspetti (contiene proteine nobili, fosfolipidi ecc.) ma è privo di glucidi e apporta un elevato contenuto di colesterolo (un uovo ne contiene 252 mg circa). È consigliabile non più di una volta alla settimana.

Lo stesso vale per alcune sostanze (ad esempio l'omocisteina), derivate dal catabolismo degli amminoacidi solforati, e presenti in maggior quantità nelle proteine animali rispetto a quelle vegetali (specialmente nei legumi). Il rischio di un pericoloso accumulo di omocisteina nell'organismo è inoltre aumentato nei casi di carenza di vitamina B6, spesso causata da un'alimentazione ricca di cibi raffinati industrialmente.

› 4. *Utilizzare gli alimenti che hanno una minore probabilità di indurre affezioni di tipo aterosclerotico a carico dei vasi sanguigni* (cioè quelli con il più basso indice di aterogenicità; si veda il paragrafo "Indice di aterogenicità degli alimenti o CSI").

› 5. *Evitare di assumere alimenti ricchi di carboidrati semplici da soli, inserendoli invece in pasti misti, o comunque in associazione con fibra alimentare (che ne riduce o rallenta l'assorbimento).*

› 6. *Scegliere gli alimenti ricchi di carboidrati complessi fra quelli che provocano un minor innalzamento dei tassi di glucosio e insulina nel sangue* (cioè quelli che hanno il più basso Indice glicemico; si veda il paragrafo "Indice glicemico degli alimenti").

Per quanto riguarda la suddivisione tradizionale in carboidrati semplici e complessi, che in passato rappresentava un confine invalicabile per i diabetici, essa ha perduto parte del suo significato da quando si è dato spazio in alimentazione al concetto di Indice glicemico. Importanti studi su questo indice hanno ampliato di molto le conoscenze sulle interrelazioni fra i vari principi alimentari. Oggi sappiamo che grassi e proteine introdotti in un pasto misto modificano l'assorbimento dei carboidrati o la loro capacità di stimolazione pancreatica, con conseguente minor innalzamento glicemico, rispetto a quello che si avrebbe se la stessa quantità di carboidrati fosse assunta isola-

Mangia il pesce?

Il pesce, alimento proteico simile alla carne, ha il vantaggio di essere più digeribile e in particolare quello azzurro (aringa, sgombro, sardina, tonno, salmone) ha effetti protettivi sulla insorgenza delle malattie cronico-degenerative.
Per questo motivo e per il suo contenuto di iodio e fosforo, va previsto nella vostra dieta almeno 3 volte alla settimana.

PRINCIPI ALIMENTARI E NON

Proteine	(15-20% delle calorie totali)
animali	1/3
vegetali	2/3
Lipidi	(28-30% delle calorie totali)
saturi	1/4
monoinsaturi	2/4
polinsaturi	1/4
Carboidrati	(50-55% delle calorie totali)*
complessi	4/5
semplici	1/5
Colesterolo	< 200-250 mg al dì
Fibra alimentare	28-30 g al dì o più

Schema della ripartizione ideale dei principi alimentari e non nella dieta del diabetico: ricordiamo che i carboidrati vanno frazionati in più assunzioni, e accompagnati da fibra naturale, preferibilmente solubile (contenuta soprattutto nella frutta, nei legumi e nella verdura). Nell'apporto energetico complessivo da carboidrati è compreso l'alcol (150 calorie circa).

*L'atteggiamento scientifico più recente, in condizioni di marcata insulino-resistenza o di decrescente secrezione insulinica e quindi di carico glucidico poco sostenibile nonostante il congruo apporto di fibra, è quello di ridurre la quota glucidica complessiva a ≤ 50% dell'energia totale incrementando quella lipidica fino al 35%, purché in essa ci sia una forte presenza di acido oleico (acido grasso monoinsaturo).

tamente. Ciò indica una nuova strategia operativa, che permette di migliorare notevolmente la *compliance* della dieta senza produrre ulteriori squilibri metabolici. Ma bisogna fare molta attenzione, perché se è possibile favorire una maggiore libertà a tavola, con assunzione di piccoli quantitativi di carboidrati solubili (sotto forma di saccarosio, marmellata, miele, gelato, dolce, e comunque nell'ambito di un pasto misto) **tale libertà va intesa come una concessione ragionata nel modo e nel tempo, e non va mai confusa con una semplificazione banale o una esasperazione del problema dietetico.**

Noi siamo per questa nuova ipotesi alimentare, soprattutto perché permette al diabetico in normopeso e con buon controllo metabolico di consumare maggiori quantità di frutta e/o di latte. **Per i diabetici in sovrappeso o in cat-**

Mangia le verdure?

Le verdure, soprattutto se crude, vanno mangiate tutti i giorni, a pranzo e a cena, e, salvo controindicazioni, in quantità abbondanti. Per il contenuto in composti antiossidanti, vitamine (ne sono generalmente più ricchi le verdure e gli ortaggi molto colorati), sali minerali e fibra, rappresentano una componente essenziale dell'alimentazione umana.

tivo equilibrio metabolico (con iperglicemia associata a variazione di altri indici emato-urinari) o con altre patologie sconsigliamo invece questa scelta.

› 7. *Nella scelta degli alimenti proteici privilegiare il pesce (almeno tre volte alla settimana) e i legumi.* Il pesce rappresenta un alimento proteico di fondamentale importanza nella nutrizione dell'uomo, e in particolare del diabetico. Infatti esso, a parità di contenuto proteico con le carni bovine, ha un'ottima digeribilità, alla quale si associa una bassa percentuale di lipidi saturi di costituzione.

Ma la caratteristica più saliente è la sua composizione in acidi grassi polinsaturi "essenziali" (acido linoleico, acido linolenico) e in derivati dell'acido alfa linolenico, presenti in elevata percentuale nel pesce azzurro, nelle trote e nei salmonidi in generale. In situazioni particolari, quali ad esempio nel diabete, questi derivati, essenziali nella prevenzione dei processi trombotici e aterosclerotici, non possono più essere ricavati dal loro capostipite chimico (acido alfa linolenico) alla velocità e nei quantitativi ottimali perché nell'organismo si instaura un progressivo deficit dell'enzima che ne controlla la conversione. L'assunzione abituale di elevate quantità di pesce (almeno tre porzioni alla settimana di 100-150 g ciascuna) si è dimostrata inoltre in grado di abbassare il livello di alcune frazioni lipidiche del sangue, quali trigliceridi e in misura meno evidente colesterolo totale e LDL-colesterolo, tutti responsabili di un aumento del "rischio coronarico". E siccome il diabetico è di frequente soggetto a disturbi ai piccoli e grandi vasi, un consumo di pesce nelle quantità già indicate è più che consigliato.

Mangia la pasta?
La pasta – fonte importantissima di amido (tra i carboidrati complessi), ma non priva di proteine (10% del totale) – è un alimento ideale per le sue caratteristiche nutrizionali e gastronomiche, in particolare quando è cotta al dente. Va mangiata tutti i giorni in giusta quantità, a pranzo o a cena, in alternativa al pane.

Mangia il pane?
Il pane comune, come la pasta, è un fattore portante dell'alimentazione. Ricco soprattutto di amido, ha un buon contenuto di proteine ed elevate quantità di fibra (soprattutto il pane integrale). Va mangiato tutti i giorni, in dosi moderate a colazione e, in alternativa alla pasta, a pranzo o a cena.

Anche i legumi sono cibi ideali nella prevenzione e nella terapia dietetica del diabete. Essi costituiscono una ricca fonte di proteine di discreto valore biologico, non associato a una presenza significativa di grassi saturi. I grassi che contengono sono quasi esclusivamente di tipo insaturo. Per l'elevato contenuto di lecitine polinsature, fibra solubile, fitosteroli, saponine e altri principi attivi, i legumi svolgono un'azione ipolipidemizzante (soprattutto ipocolesterolemizzante). Inoltre, con vari meccanismi essi riducono anche la risposta insulinica all'ingestione dei glucidi, concorrendo ulteriormente alla diminuzione dei processi di sintesi lipidica.

› **8.** *Scegliere ortaggi, verdure, legumi e frutta fra quelli più ricchi di fibra* (si veda il paragrafo "Valore energetico e composizione chimica degli alimenti" con la relativa tabella).

› **9.** *Consumare frutta poco dolce in giusta quantità, privilegiando quella che presenta il minor contenuto di carboidrati solubili* (si veda il paragrafo "Valore energetico e composizione chimica degli alimenti" con la relativa tabella).

› **10.** *Consumare frutta fresca piuttosto che succhi o spremute, perché contiene fibra integra e ha un maggior effetto saziante.*

› **11.** *Utilizzare la più ampia varietà di alimenti e di metodi di preparazione dei cibi.*

Si tratta di una norma generale da seguire, indipendentemente dallo stato di salute in cui ci si trova. Non esistono infatti in natura alimenti che si possano definire completi o indispensabili. Per assicurarsi un apporto corretto di tutti i principi alimentari, soprattutto di minerali e vitamine, è dunque indispensabile variare e alternare, con sistematicità, la scelta degli alimenti: solo così potremo essere abbastanza sicuri di introdurre

Beve superalcolici, aperitivi o digestivi?
Di superalcolici, aperitivi e digestivi si deve fare a meno, dato che il loro consumo abituale altera la funzionalità di fegato, pancreas, stomaco e intestino.

tutti i nutrienti con sufficiente regolarità e in quantità adeguate. L'abitudine a una dieta variata riduce anche i rischi dovuti all'introduzione di sostanze potenzialmente tossiche che possono trovarsi in alcuni cibi, generate ad esempio durante la lavorazione alimentare industriale. Anche l'alternanza dei metodi di cottura è importante, perché oltre a indurre una maggiore appetibilità degli alimenti ne minimizza gli effetti negativi, che il sommarsi di sostanze poco digeribili o addirittura tossiche, prodotte dallo stesso metodo di cottura ripetuto nel tempo, possono produrre. Al bando perciò le diete ripetitive, che risultano monotone e spesso pericolose!

› **12.** *Limitare l'uso di sale da cucina.*

Non vi sono documentate ragioni per esasperare la restrizione del sale da cucina nell'alimentazione dei diabetici rispetto ai soggetti sani. Tuttavia, siccome l'esposizione a elevati apporti di sodio può causare ipertensione nei soggetti sodio-sensibili, il consiglio di non eccedere è d'obbligo.

› **13** *Evitare bibite e altre bevande ricche di carboidrati solubili (acqua zuccherata, bibite dolci, birra, vino dolce, eccetera), specialmente se lontano dai pasti.*

› **14.** *Evitare i superalcolici.*

› **15.** *Bere vino secco in quantità moderata, e solo ai pasti (se non ci sono controindicazioni).*

Non esistono motivi fondati per proibire ai diabetici in normopeso e in equilibrio metabolico di consumare moderate quantità di vino secco, di bassa gradazione alcolica (11-12 gradi). La quantità (complessivamente sui 200 g giornalieri) e le modalità di assunzione (ai pasti e centellinato), vanno però rigorosamente rispettate perché l'alcol etilico può indurre crisi ipoglicemiche, anche

Beve il vino?
Il vino è un alimento voluttuario che, in modica quantità (massimo 1/5 di l al giorno), può prevenire le malattie cardiovascolari. Va bevuto, se gradito, sempre e solo ai pasti, e centellinato. Deve essere secco, cioè non contenere zuccheri semplici disciolti.

ritardate. Un uso corretto e moderato del vino, oltre a non dare disturbi significativi al fegato, al pancreas e altri organi, induce vasodilatazione coronarica, incrementa il livello ematico delle lipoproteine HDL ("colesterolo buono"), a effetto protettivo e, secondo alcune recentissime ricerche, riduce il tasso di LDL-colesterolo ("colesterolo cattivo") per opera di sostanze contenute prevalentemente nella buccia dell'uva.
L'insieme di questi e altri effetti si estrinseca in una prevenzione (anche se modesta) delle malattie cardiovascolari. Tuttavia non può essere consumato da coloro che soffrono di ipertrigliceridemia, ipertensione, obesità, patologie epatiche o altre. È superfluo ricordare che il contenuto energetico di alcol va conteggiato nella quota energetica a carico dei carboidrati.

Mangia i legumi?
I legumi, tra i vegetali, apportano il maggior quantitativo di proteine che vanno però associate con quelle dei cereali per migliorarne il valore biologico. Sono caratterizzati anche da straordinaria capacità di riduzione dei lipidi circolanti nel sangue (grazie agli elevati contenuti di lecitine e fibra solubile) e pertanto ne consigliamo un uso frequente. Possono indurre, in alcune persone particolarmente sensibili, meteorismo e disturbi della digestione, che però sovente sono transitori.

› **16.** *Limitare il ricorso agli alimenti speciali per diabetici.*

› **17.** *Limitare l'uso di edulcoranti sintetici.*

› **18.** *Svolgere un'attività fisica di moderata intensità.*

Fatta eccezione per coloro che presentano gravi e palesi disturbi anatomo-funzionali, esercizi fisici come camminare, andare in bicicletta, praticare ginnastica da camera, eseguire piccoli lavori di giardinaggio o di manutenzione della casa e via dicendo, possono essere svolti da qualunque diabetico a qualsiasi età, in quanto presentano un'intensità di sforzo così bassa (100-110 pulsazioni al minuto) che poco si discostano da quelle prodotte durante lo

Le piacciono i dolci?
I dolci sarebbe bene evitarli (sono, di frequente, troppo ricchi di grassi saturi, colesterolo e zuccheri solubili).

svolgimento delle comuni attività di sopravvivenza.
L'attività, che consigliamo di praticare tutti i giorni per almeno un'ora (continuativa o suddivisa in due periodi di 30 minuti), oltre a comportare un dispendio energetico suppletivo di circa 100-150 Kcal, paria circa 418-628 Kj circa rispetto alla stessa persona che rimanesse seduta (dispendio peraltro modesto), offre una serie di vantaggi metabolico-funzionali quasi inimmaginabile. Ma perché essa diventi una componente essenziale dello stile di vita deve essere sempre arricchita di caratteristiche di svago. Infatti è il modo di vivere che il diabetico deve modificare, se errato, o consolidare, se corretto. Lo sforzo casuale di forte intensità è sempre sconsigliabile, perché può indurre ipoglicemia nei diabetici con buon equilibrio glicemico, iperglicemia e chetoacidosi in quelli scompensati.
Ma vediamo quali sono le modificazioni metaboliche più interessanti che l'esercizio fisico comporta:
a) Innanzitutto l'esercizio fisico produce nell'organismo una diminuzione del fabbisogno di insulina. Si ha quindi una maggiore captazione del glucosio da parte dei muscoli con conseguente diminuzione della glicemia basale e postprandiale. Moltissimi sono i diabetici che solo osservando la dieta e facendo sistematica attività fisica di lieve intensità mantengono la loro glicemia entro valori accettabili.
Anche il quadro lipidemico tende a normalizzarsi, perché l'incrementata captazione degli acidi grassi liberi da parte dei muscoli ne diminuisce la disponibilità di offerta al fegato. Si ha quindi una ridotta sintesi epatica di lipoproteine VLDL, che inoltre vengono degradate con maggior rapidità. Da ciò consegue che, essendo minore il tasso ematico di

Mangia la frutta?
La frutta costituisce un alimento che – per ricchezza di composti antiossidanti, vitamine, sali minerali, acidi organici, essenze aromatiche – è insostituibile. Va consumata in giusta quantità (da 400 a 600 g al giorno), preferibilmente durante gli spuntini dato che a conclusione del pasto, in alcune persone, può dare disturbi digestivi causati da fermentazione intestinale. Di fondamentale importanza è la sua freschezza. Agli ipertrigliceridemici consigliamo di consumarne una quantità più moderata, associandola sempre negli spuntini ad altri alimenti (es. latte) così da modulare l'assorbimento degli zuccheri semplici.

queste lipoproteine, minore sarà anche quello di LDL-colesterolo ("colesterolo cattivo") da esse derivato e i cui effetti aterogeni sono da tempo noti. L'HDL-colesterolo ("colesterolo buono") subirà invece un notevole incremento. L'assetto lipidico si fa dunque più ordinato, e gli squilibri fra i vari costituenti si attenuano, soprattutto a favore di quelli che riducono l'insorgenza e/o la progressione degli eventi aterosclerotici.

b) L'incorporazione amminoacidica nei muscoli è facilitata dalla maggior attività periferica dell'insulina, per cui un esercizio fisico sistematico permette di recuperare il giusto tono-trofismo muscolare.

c) Diminuzione della ritenzione idrico-salina.

d) Miglioramento della circolazione sanguigna, in particolare di quella venosa e linfatica degli arti inferiori, con incremento dell'efficienza di tutto il sistema cardiocircolatorio.

e) Aumento della solubilità del colesterolo nella bile, con diminuzione del rischio di calcolosi, così frequente nei diabetici.

f) Spinta a un consumo preferenziale di tessuto adiposo, che contribuisce a ridurre il sovrappeso e a mantenere il peso desiderato.

g) Stimolazione della secrezione di serotonina, che combatte l'ansia e la depressione, e riduce il senso di fame.

h) Riduzione del danno vascolare indotto da altri fattori aterogeni, quali fumo, alterazione di alcune lipoproteine, dieta ricca di grassi e di proteine di origine animale, uso di contraccettivi orali, ipertensione arteriosa.

› **19.** *Evitare lo stress, il superlavoro, e tutte le attività fisiche troppo intense.*

L'assenza di stimoli esterni ha sull'organismo umano gli stessi effetti negativi di un loro eccesso. Oggi ci dobbiamo soprattutto difendere da quest'ultimo, ma poiché in una società come la nostra (altamente industrializzata, a elevata densità di popolazione e a organizzazione gerarchica esasperata) non è facile neutralizzare

ATTIVITÀ SPORTIVE

Tipo di attività	Dispendio energetico Kcal./KJ x min.		Tipo di attività	Dispendio energetico Kcal./KJ x min.	
camminata in piano; <4 km/h	3,12	13,05	tennis	8,10	33,89
camminata in salita			pallacanestro	7,06	29,54
– pendenza 10%; <4 km/h	19,50	81,59	calcio	7,38	38,88
– pendenza 20%; <4 Km/h	26,70	111,71	bowling	3,29	13,77
corsa in piano;			golf	4,33	18,12
150 m/minuto	13,00	54,39	canottaggio	10,83	45,31
salita di scale	17,09	71,50	judo	11,96	50,04
ballo veloce	8,10	33,89	ciclismo (20 km/h)	9,23	38,62
escursione in bicicletta	5,46	22,84	nuoto (20 m/minuto)	5,46	22,84
ping-pong	4,89	20,46	sci di fondo (10 km/h)	15,17	63,47

La tabella indica come "misurare" i propri consumi energetici durante le più comuni attività ricreativo-sportive. È riferita a un uomo adulto di 65 kg, ma può essere utilizzata da tutti, indipendentemente dal peso. Nel caso della passeggiata in piano di un adulto di 80 kg, per esempio, sarà sufficiente risolvere questa semplice equazione: 3,12 : 65 = x : 80, dove 3,12 è il dispendio energetico unitario in Kcal dell'uomo di riferimento, 65 il suo peso, x il suo dispendio energetico unitario ricercato (in Kcal), 80 il peso dell'uomo in questione: x = (3,12·80)/65 = 3,84 Kcal/min.

l'eccesso di stress, per mantenere il proprio equilibrio psico-fisico è necessario che l'individuo adotti un particolare stile di vita. Utilizzando determinate tecniche di igiene mentale, quale ad esempio quella dell'ottimismo (imparare a fare ogni cosa con piacere; considerare il tutto come esperienza di arricchimento; vedere sempre il lato positivo delle cose, e così via) o altre (alternare periodi di riposo a periodi di attività; utilizzare esercizi fisici di rilassamento ecc.), è possibile infatti ridurre l'incidenza che certi eventi hanno sulle secrezioni neuro-endocrine. In particolare il diabetico, essendo un soggetto alquanto vulnerabile agli agenti esterni per l'instabilità psico-metabolica che lo affligge, dovrebbe sottrarsi il più possibile all'eccesso di stimoli, evitando anche tutte le attività competitive, se non programmate e sotto controllo medico.

Aggiunge zucchero alle bevande?
Dello zucchero (saccarosio) si può e, in dosi elevate si deve, fare a meno; alcune bevande, ad esempio il latte, non vanno mai dolcificate. Non va mai assunto lontano dai pasti, specie se sciolto in acqua, tè, bevande analcoliche (quindi anche i vini dolci o i liquori zuccherini vanno evitati).

La dieta grezza di riferimento*

Per permettere a ciascuno di personalizzarsi la dieta, proponiamo uno schema dietetico gionaliero che chiameremo "Dieta grezza di riferimento" nel quale inserire le ricette descritte nelle pagine seguenti.
Queste ricette sono utilizzabili, senza modificare i quantitativi degli ingredienti, i da tutti coloro che sono in normopeso e che hanno un fabbisogno energetico di circa 2000 Kcal pari a 8368 Kj (eliminando il vino sono riducibili a 1850 Kcal circa).
Quelli invece che l'hanno diverso, o sono in sottopeso oppure in sovrappeso, dovranno adeguare i quantitativi degli ingredienti, seguendo le indicazioni poste nella sezione del libro "Per saperne di più".
Ricordiamo infine che ognuna delle ricette proposte ha un suo preciso significato dietologico solo se inserita nel complesso della dieta grezza di riferimento e con i quantitativi alimentari adeguati al fabbisogno energetico e allo stato ponderale personali.

* *Giornata alimentare assunta come rappresentativa del regime dietetico abituale dell'individuo di riferimento.*

Colazione

Kcal. 210 (879 KJ) circa - ore 7,30 circa

Alimento	Quantità
Latte vaccino completamente scremato	**200 g**
Sostituzioni: > Yogurt di latte magro	125 g
> Ricotta di vacca fresca	45/50 g
> Burro light	8-10 g
Pane integrale o magro comune (pezz. 1 kg)	**30 g**
Sostituzioni: > Fette biscottate integrali (2)	20 g
> Crackers integrali (3)	15 g
> Grissini integrali (4)	20 g
Frutta (mele)	**200 g**
Sostituzioni: > I quantitativi di frutta alternativa vengono indicati nelle ricette	

SPUNTINO DEL MATTINO
KCAL 210 (879 KJ) CIRCA - ORE 10,30 CIRCA

ALIMENTO	QUANTITÀ
Yogurt da latte magro	**125 g**
Sostituzioni: > Latte vaccino complet. scremato	200 g
> Ricotta di vacca fresca	45/50 g
> Burro light	8-10 g
Pane integrale o magro comune (pezz. 1 kg)	**30 g**
Sostituzioni: > Fette biscottate integrali (2)	20 g
> Crackers integrali (3)	15 g
> Grissini integrali (4)	20 g
Frutta (mele)	**200 g**
Sostituzioni: > I quantitativi di frutta alternativa vengono indicati nelle ricette	

PRANZO
KCAL 760 (3180 KJ) CIRCA - ORE 13,30 CIRCA

ALIMENTO	QUANTITÀ
Pasta alimentare integrale (o comune)	**70 g**
Sostituzioni: > Riso integrale	70 g
> cereali vari (pref. integrali)	70 g
Sugo di pomodoro	**q.b.**
Parmigiano reggiano (un cucchiaino raso)	**5 g**
Carne (vitellone magro)	**80 g**
Sostituzioni: > Piatto unico	
> Maiale magro (bistecca)	90 g
> Petto di pollo	85 g
> Fesa di tacchino	65 g
> Uova	1
> Prosciutto crudo compl. sgrassato	60 g
> Prosciutto cotto	20 g
> Formaggio magro (fiocchi di latte)	105 g
> Fior di latte	35 g
> Ricotta fresca di vacca	65 g
> Parmigiano o grana	25 g
> Fagioli freschi	80 g
> Piselli freschi	130 g
Verdura (zucchini)	**250 g**
Sostituzioni: > qualunque verdura gradita di stagione, tranne le patate	
Olio extravergine d'oliva	**24 g**
Vino secco (11 gradi circa)	**100 g**

Spuntino del pomeriggio

Kcal 210 (879 KJ) circa - ore 16,30 circa

Alimento	Quantità
Latte vaccino completamente scremato	**200 g**
Sostituzioni: > Yogurt di latte magro	125 g
> Ricotta di vacca fresca	45/50 g
> Burro light	8-10 g
Pane integrale o magro comune (pezz. 1 kg)	**30 g**
Sostituzioni: > Fette biscottate integrali (2)	20 g
> Crackers integrali (3)	15 g
> Grissini integrali (4)	20 g
Frutta (mele)	**200 g**
Sostituzioni: > I quantitativi di frutta alternativa vengono indicati nelle ricette	

Cena

Cal. 590 (2468 KJ) circa - ore 19,30 circa

Alimento	Quantità
Passato di verdura e/o di ortaggi o minestra in brodo vegetale o di carne completamente sgrassato con 20 grammi di pasta alimentare integrale o comune	
Sostituzioni: > Riso	20 g
> Cereali vari (pref. integrali)	20 g
> Patate (max. 1-2 volte a settimana)	50-60 g
Parmigiano reggiano (un cucchiaino raso)	**5 g**
Pesce (sogliola)	**130 g**
Sostituzioni: > Piatto unico	
> Merluzzo	155 g
> Acciughe	125 g
> Seppie	150 g
Verdura (lattuga)	**250 g**
Sostituzioni: > qualunque verdura di stagione, tranne le patate	
Pane integrale o magro comune (pezz. 1 kg)	**30 g**
Sostituzioni: > Fette biscottate integrali (2)	20 g
> Crackers integrali (3)	15 g
> Grissini integrali (4)	20 g
Olio extravergine d'oliva	**24 g**
Vino (11 gradi circa)	**100 g**

CAPACITÀ MEDIA DI ALCUNI CONTENITORI

1 cucchiaino da tè raso	7 g
1 cucchiaino da caffè raso	5 g
1 cucchiaio da tavola raso	15 g
1 tazzina da caffè	40 ml
1 tazza da tè media	200 ml
1 tazza da caffelatte	150 ml
1 bicchiere da vino	150 ml
1 bicchiere da acqua	200 ml
1 piatto fondo (pieno al bordo inferiore)	250 ml

PESI E MISURE INDICATIVI DI VARI ALIMENTI

1 cucchiaino da tè contiene circa:
5 g di zucchero
4-5 g di olio
5 g di burro o margarina
5 g di pangrattato
10 g di miele
15 g di marmellata

1 cucchiaio da tavola contiene circa:
10 g di olio
10 g di zucchero
10 g di cacao
10 g di parmigiano
12 g di farina 00
6 g di fiocchi d'avena
15 g. di riso

1 bustina di zucchero	7g
1 zolletta di zucchero	4 g
1 conf. alberghiera di burro	10-15 g
1 conf. alberghiera di miele	20 g
1 conf. alberghiera di marmellata	25-30 g
1 panino (ciabattina)	70-80 g
1 panino (rosetta)	50-60 g
1 fetta di pane da toast	20 g
1 grissino	3-5 g
1 confezione di grissini (ristorante)	12 g
1 cracker	6-8 g
1 confezione di cracker (4 doppi)	28 g
1 fetta biscottata	6-8 g
1 biscotto secco	6-8 g
1 fetta salame sottile	5-8 g
1 fetta salame spessa	10-12 g
1 fetta prosciutto piccola	10-12 g
1 fetta prosciutto grande	20 g
1 scatola di tonno piccola	80-85 g
1 sottiletta	20 g
1 formaggino	20 g
1 mozzarella in busta	125 g
1 patata medio-piccola	100 g
1 carota piccola	80 g
1 zucchina piccola	100 g
1 pomodoro medio	170 g
1 mela media	170 g
1 pera media	150 g
1 banana media	200 g
1 arancia media	170 g
1 vasetto di yogurt piccolo	125 g
1 vasetto di yogurt medio	150 g
1 vasetto di yogurt grande	500 g
1 bibita (bottiglietta)	190-200 ml
1 bibita (lattina)	330 ml
1 bicchierino di liquore	40 ml

Parte seconda
LE RICETTE

Guida all'uso delle ricette

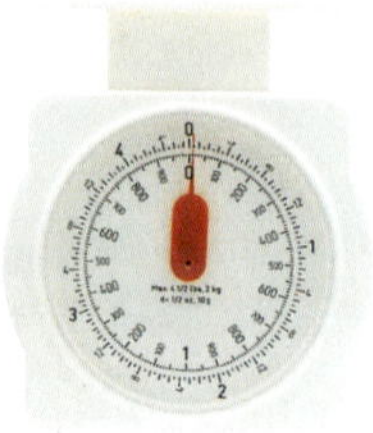

Le dosi degli ingredienti utilizzati si riferiscono a una singola porzione.

La dieta grezza stabilisce una struttura ben precisa dal punto di vista calorico-compositivo, che va mantenuta anche quando si sostituiscono alle ricette base quelle proposte.
Per ottenere ciò, suggeriamo alcune indispensabili strategie:

1) le ricette proposte per le colazioni e gli spuntini si possono utilizzare indifferentemente a seconda dei gusti personali nell'ambito della giornata, anzi è bene variarne la tipologia il più possibile;
2) si possono scambiare in blocco i pranzi con le cene;
3) si possono sostituire le ricette del pesce, indicate per la cena, con quelle per la carne, indicate per il pranzo, e viceversa, purché si mantenga invariata la tipologia del primo piatto e la quantità di pane proposte per il pranzo e per la cena;
4) per facilitare l'impiego delle ricette, verranno contrassegnate con ☼ quelle adatte al pranzo, con ☽ quelle per la cena e con ☼☽ quelle indicate sia al pranzo che alla cena.

Colazione e spuntini

La colazione e gli spuntini sono momenti molto importanti nell'alimentazione quotidiana del diabetico: la prima interrompe il lungo digiuno notturno e predispone ad affrontare con energia e buon umore la giornata, i secondi rappresentano piacevoli pause rinfrancanti negli intervalli fra un pasto e l'altro. Perciò è importante che questi piccoli pasti siano vari e fantasiosi, rapidi da preparare, ma non affrettati, né improvvisati.

I sapori proposti spaziano dal dolce al salato al naturale, ma l'"assemblaggio" degli ingredienti, pur tanto vari, rispetta pienamente l'introito energetico e le proporzioni dei principi alimentari realizzati nel "modello base"; anzi, proprio questa ricchezza di alternative aumenta positivamente la gamma di vitamine, minerali e tipi di fibra.

Suggeriamo di gustare tutti e tre i sapori nell'arco della giornata, incominciando da quelli che più si accompagnano al profumo del caffè o al sottile aroma del tè.

Protagonisti: frutta e sapore dolce

Dai timidi frutti di bosco al vistoso cocomero, dall'umile mela ai levigati e perfetti acini d'uva, dagli agrumi alle pesche e alle ciliege, tutti i frutti ci offrono in abbondanza sostanze che svolgono sulla nostra salute un'azione "protettiva" peculiare e insostituibile.

I buoni apporti di vitamine (provitamina A nella frutta gialla e arancione, vitamina C in quella rossa) e di altri elementi implicati in vitali reazioni biochimiche, insieme alla fibra nelle sue molteplici componenti, costituiscono un'efficace difesa contro l'insorgenza delle malattie del secolo, arteriosclerosi e cancro.

Fondamentale per il nostro benessere è anche l'apporto di minerali, in particolare potassio; e di primo piano è l'azione idratante, rinfrescante e diuretica dell'acqua, viva, biologica, che agisce come "tampone" verso le sostanze acido-tossiche provenienti dalla degradazione delle carni e dei grassi alimentari o prodotte dal metabolismo delle nostre cellule e dei tessuti.

Ma se queste motivazioni scientifiche non fanno che confermare ciò che il gusto per le cose buone e l'istinto sembrano aver intuito da sempre, e se è fuori dubbio il suo ruolo insostituibile nella dieta, è altrettanto vero che la frutta non può essere consumata *ad libitum*.

La sua collocazione nell'arco della giornata e le quantità ottimali dovrebbero risultare ben chiare dallo schema dietetico proposto; restano da stabilire le varietà più adatte alle particolari condizioni del diabetico. Diciamo subito che la frutta secca o essiccata, così come quella fresca molto zuccherina (cachi, fichi, banane, uva), non va consumata d'abitudine, ma neppure esclusa: va piuttosto impiegata come guarnizione ad altre preparazioni.

La frutta al giusto punto di maturazione, grazie al contenuto di fruttosio, è già di per sé abbastanza dolce, però talvolta in alcune preparazioni può essere gradevole esaltare questo sapore.

Ma come dolcificare? Anche se i più moderni orientamenti non escludono piccoli quantitativi di zucchero nella dieta del diabetico in normopeso e in equilibrio metabolico, ci sembra più prudente indirizzare verso i dolcificanti di sintesi.

La saccarina, commercializzata fin dal 1855, è da qualche decennio messa sotto accusa perché sospettata di cancerogeneticità e di indurre malformazioni nel feto. Perciò l'Organizzazione Mondiale della Sanità ne sconsiglia l'uso nel periodo di gravidanza e nell'infanzia, e stabilisce una soglia "di guardia" di circa cinque compresse al giorno. I vantaggi della saccarina sono: l'alto potere dolcificante (500 volte superiore a quello dello zucchero da tavola) e la totale mancanza di calorie.

L'aspartame invece ha lo stesso valore calorico dello zucchero, però il suo alto potere dolcificante (circa 200 volte superiore) consente di impiegarlo in dosi minime, con un apporto energetico insignificante. La sua molecola, più fisiologica rispetto a quella della saccarina, è ritenuta innocua, e anche dal punto di vista gastronomico è da preferire, perché ha un retrogusto migliore. Entrambi i dolcificanti non resistono alle alte temperature, e non sono quindi adatti alla confezione di dolci da forno, ma si prestano benissimo a ingentilire alcune ricette di frutta fresca che vi presentiamo.

Fragole al rosa

- 300 g di fragole
- 125 g di yogurt magro
- 1 bustina di dolcificante
- 2 fette biscottate integrali

• Schiacciate 100 g di fragole in un passino, raccogliete il succo in una piccola ciotola e incorporatevi il dolcificante e lo yogurt.
• Sistemate in una coppetta di vetro le restanti fragole, e ricopritele con la salsa rosata.
• Lasciate riposare in frigorifero per un'ora e servite, accompagnando con le fette biscottate.
• Questa preparazione è adatta anche per i mirtilli, i lamponi e le ciliege (ma in questo caso il maggior apporto calorico fa consigliare un quantitativo intorno ai 250 g).

Preparazione: 10 minuti
Difficoltà: facile
Stagione: primavera-estate

Gazpacho di frutta

- mezza mela golden
- 1 kiwi
- mezza pesca gialla
- fragoline
- mirtilli
- 1 cucchiaio di panna vegetale
- 1 bustina di dolcificante
- 30 g di pane

• Mettete nel frullatore, tagliati a dadini: mezzo kiwi, la mela, la pesca, una manciata di fragoline, insieme al cucchiaio di panna, al dolcificante in polvere e a un po' d'acqua ghiacciata per rendere fluido il composto.
• Frullate per 2-3 minuti, poi trasferite in una coppa fredda e guarnite con l'altra metà del kiwi (tagliato a fettine sottili) e una manciata di mirtilli.
• Tostate le fette sottili di pane.
• Servite insieme ai crostini di pane, che acquistano vita imbevuti del cremoso gazpacho.
• Se non avete a disposizione fragoline e mirtilli freschi potete usare per questa ricetta anche il prodotto surgelato.

Preparazione: 15 minuti
Difficoltà: facile
Stagione: tutte le stagioni

Sostituzioni: da ricordare che si può ricorrere senza alcun problema all'uso della panna vegetale come alternativa allo yogurt.

Macedonia allo yogurt

- 1 mela e 1 pera
- 1 arancia
- 1 banana piccola
- mezzo limone
- 125 g di yogurt
- 1 bustina di dolcificante
- 2 fette biscottate integrali

Preparazione: 10 minuti
Difficoltà: facile
Stagione: tutte le stagioni

- Sbucciate e tagliate a fettine uno spicchio di mela, uno spicchio di pera, mezza arancia e mezza banana.
- Mescolate in una coppetta, aggiungete il succo di limone ed eventualmente il dolcificante, e amalgamate con lo yogurt.
- Lasciate riposare in frigorifero per una mezz'oretta e servite guarnendo con le fette biscottate.
- Si adatta magnificamente a ogni ora della giornata. A seconda della stagione si possono anche variare le qualità di frutta: pesche gialle sode, albicocche, fragole, ananas e un gheriglio di noce tritato.

Pesche ripiene

- 1 grossa pesca gialla
- 30 g di ricotta di vacca (un cucchiaio)
- 1 pizzico di cannella in polvere
- 2 mandorle sbucciate tritate finemente
- 1 bustina di dolcificante
- 3 fette biscottate integrali

• Per prima cosa lavate accuratamente la pesca sotto l'acqua corrente, per eliminare dalla peluria della buccia ogni possibile residuo di sostanze chimiche o impurità.
• Una volta che avrete dimezzato e snocciolato la pesca, scavate al centro ciascuna metà prelevando un po' di polpa che dovrete amalgamare con la ricotta, il trito di mandorle e la cannella.
• Con questo impasto farcite il cuore delle due mezze pesche, che metterete in forno a 180 °C per un quarto d'ora o più, finché, saggiando con la forchetta, non appariranno morbide e con il ripieno dorato.
• Allora, mentre la loro fragranza si spande, estraetele dal forno e spolverizzatele di dolcificante. Anche le solite tre fette biscottate di accompagnamento sembreranno più buone.
Sostituzioni: la ricotta sostituisce lo yogurt.

Preparazione: 30 minuti
Difficoltà: facile
Stagione: estate

Melone sorpresa

- mezzo meloncino di circa 300 g (peso lordo)
- una manciata di frutti di bosco
- 1 albicocca oppure uno spicchio sbucciato di pesca gialla
- qualche chicco d'uva
- 125 g di yogurt
- 2 fette biscottate

• Eliminate con un cucchiaio i semi e i filamenti del mezzo melone e svuotatelo mantenendo integro l'involucro, che dovrà fare da coppa.
• Tagliate a dadini la polpa, quindi unite i frutti di bosco, l'albicocca (o lo spicchio di pesca sminuzzato) e i chicchi d'uva.
• Mescolate bene e riempite il melone, che andrà tenuto in frigo per un'oretta prima di servirlo, accompagnato, a parte, dallo yogurt e dalle fette biscottate.
• Se non si ha a disposizione il melone, o non è tra i frutti preferiti, o non lo si digerisce facilmente, come talvolta capita, può essere sostituito con mezzo pompelmo, meno calorico e ancor più povero di glucidi. La polpa di questo frutto è piuttosto acidula, ma per rimediare è sufficiente correggere il sapore finale con un dolcificante in polvere.
La coppa di pompelmo, al contrario di quella al melone (più adatta a un intermezzo pomeridiano), ben si presta a concludere una prima colazione tradizionale con latte caldo e pane o fette biscottate.

Preparazione: 10 minuti
Difficoltà: facile
Stagione: estate

Protagonisti: pane e sapore salato

Le ricette che seguono sono all'insegna delle "trasformazioni" di questo comunissimo, antico e salutare alimento e, perché no, di qualche innocua, ma stuzzicante trasgressione. Il pane prende il sapore solare delle tortillas e della frutta, assume il colore rosso brillante del pomodoro o viola cupo delle melanzane, lo yogurt e il latte cedono il posto alla ricotta e all'olio, ma il protagonista è sempre lui.

I suoi carboidrati sono il tramite fra l'uomo e l'energia solare, energia pulita, indispensabile e vitale. Nello stesso tempo la loro struttura complessa richiede processi digestivi che permettono di liberare glucosio nel torrente sanguigno in maniera graduale, senza creare grossi sbalzi glicemici.

Ma le doti del pane non si fermano qui: ci sono anche le proteine (7-9%), e se è vero che esse non hanno elevato valore biologico, sono facilmente nobilitate da quelle del latte o di altri alimenti di origine animale o vegetale, con i quali il pane si sposa magistralmente. Non mancano infine le vitamine (gruppo B) e la fibra, delle cui virtù abbiamo già parlato.

Tortillas di mais

- 200 g di farina gialla
- 750 g di acqua
- 1 cucchiaino di sale

Preparazione: 40 minuti
Difficoltà: facile
Stagione: tutte le stagioni

• Il dosaggio indicato serve per confezionare otto tortillas, ciascuna delle quali apporta all'incirca le stesse calorie di 40 g di pane.

• Mettete l'acqua in una pentola di adeguate proporzioni, portatela a ebollizione e salate.

• Versate lentamente la farina, mescolate e continuate la cottura per una ventina di minuti, fino a ottenere una polentina morbida. Lasciate raffreddare.

• Quando il composto è appena tiepido, formate con le mani 8 frittelle rotonde di medio spessore, che andranno cotte cinque minuti per parte su una piastra calda, oppure in una padella antiaderente non unta.

• Le tortillas che non si impiegano in giornata possono essere conservate in frigorifero senza danno per 24 ore, avvolte nella carta stagnola: al momento dell'uso basterà scaldarle in forno.

Tortillas del Messico

- 100 g di farina gialla
- 100 g di farina bianca
- 4 mestoli d'acqua
- 1 punta di sale
- olio per friggere

• Anche in questo caso il dosaggio indicato serve per confezionare 8 tortillas, ciascuna delle quali apporta all'incirca le stesse calorie di 40 g di pane.
• In una terrinetta mescolate le farine, aggiungete una puntina di sale e versate poco alla volta i due mestoli d'acqua (mescolando continuamente), fino a ottenere un composto omogeneo, liscio e non troppo fluido.
• Ungete il fondo di una piccola padella antiaderente con poche gocce d'olio, scaldate e versate qualche cucchiaiata del miscuglio di farine, calcolando che si devono ottenere in tutto 8 tortillas.
• Cuocete in padella tre minuti per parte.
• Una volta pronte, disponete le tortillas impilate e separate da carta assorbente, destinata a raccogliere l'olio residuo.
• Avvolte nella carta stagnola e conservate in frigo, sono buone anche il giorno dopo, scaldate leggermente in forno.

Preparazione: 30 minuti
Difficoltà: facile
Stagione: tutte le stagioni

Non la solita ricotta

Desiderate qualcosa di stuzzicante per lo spuntino del pomeriggio? Sostituite allo yogurt la ricotta (i 30 g consentiti), lavoratela con un po' di fantasia e spalmatela sulle tortillas o sul pane tostato.

Ricotta al profumo di pesto

- 45 g di ricotta di vacca
- 1 gheriglio di noce
- basilico
- 1 puntina di aglio
- 1 tortilla
- 1 frutto di stagione

• Tritate finemente con la lunetta una decina di foglie di basilico, l'aglio e il gheriglio di noce.
• Amalgamate con la ricotta, lavorando con il cucchiaio fino a ottenere una crema (se è necessario potete aggiungere un cucchiaino di latte per renderla più morbida).
• Spalmate con questo composto la tortilla o il pane tostato, ben caldi.
• Un frutto completerà il piccolo pasto, ma, alla loro stagione, possono far piacere anche tre o quattro piccoli pomodori rossi.
Sostituzioni: la ricotta sostituisce lo yogurt.

Preparazione: 10 minuti
Difficoltà: facile
Stagione: tutte le stagioni

Ricotta alla mediterranea

› 45 g di ricotta di vacca
› 1 oliva nera
› capperi e origano
› 1 tortilla o 30 g di pane tostato
1 frutto di stagione

Preparazione: 10 minuti
Difficoltà: facile
Stagione: tutte le stagioni

• Snocciolate l'oliva e sminuzzatela con la lunetta insieme a una manciata di capperi sottaceto e sgocciolati.
• Incorporate il trito alla ricotta.
• Aggiungete un pizzico d'origano e continuate sempre a lavorare con un cucchiaio fino ad ammorbidire bene il composto, che andrà spalmato sul pane tostato o sulla tortilla caldi. Anche in questo caso un frutto di stagione concluderà bene lo spuntino.
Sostituzioni: la ricotta sostituisce lo yogurt.

Ricotta alla cannella

› 30 g di ricotta di vacca
› cannella in polvere
› 5-6 acini di uvetta
› scorza d'arancia
› 1 tortilla o 30 g di pane tostato
› 1 frutto di stagione

Preparazione: 10 minuti
Difficoltà: facile
Stagione: autunno-inverno

• Per questa preparazione è necessario aver fatto rinvenire per tempo l'uvetta in acqua tiepida.
• Amalgamate alla ricotta un cucchiaino di cannella, l'uvetta e un cucchiaino di scorza d'arancia grattugiata; se necessario potete aggiungere un cucchiaino di latte per rendere più morbido il composto.
• Con questa crema spalmate una tortilla o il pane tostato, ben caldi.
• Gradevole concludere lo spuntino con un'arancia, ma si armonizzano bene anche mele e pere.
Sostituzioni: la ricotta sostituisce lo yogurt.

Crostini alla napoletana

› 1 fetta di pane da 30 g
› 3 pomodorini rossi
› olio extravergine d'oliva
› foglioline di basilico, origano, maggiorana
› 1 frutto di stagione
› aglio e sale

• Tostate la fetta di pane e strofinatela con lo spicchio d'aglio.
• Spezzate con le mani i pomodorini ben lavati e asciugati, mentre li adagiate sulla fetta di pane.
• Salate leggermente, cospargete di erbe aromatiche e condite con il cucchiaino d'olio.
• Concludete lo spuntino con un piccolo frutto di sta-

gione, oppure con un cuore di sedano.
Sostituzioni: nello schema della dieta grezza è possibile ricorrere all'olio extravergine di oliva in alternativa allo yogurt.

Preparazione: 10 minuti
Difficoltà: facile
Stagione: estate

Caviale di melanzane

- 1 melanzana allungata
- 1 spicchio di aglio
- 1 scalogno
- prezzemolo tritato
- succo di un limone
- olio extravergine d'oliva
- sale e pepe
- 1 fetta di pane tostato da 30 g
- 1 frutto di stagione

• Tagliate longitudinalmente la melanzana medio-piccola in 2 metà, cospargete le superfici interne di sale e lasciate riposare per mezz'ora.
• Lavate bene e asciugate le due "barchette", disponetele sulla piastra del forno (opportunamente rivestita con un foglio di stagnola), con la parte interna rivolta verso il basso.
• Cuocete a 150 °C per circa un'ora.
• Raccogliete la polpa, diventata tenera, con un cucchiaino e ponetela nel frullatore insieme all'aglio e allo scalogno tritati finemente, a un cucchiaino di olio, al succo di limone e a un cucchiaino di prezzemolo.
• Pepate e, se necessario, aggiustate di sale.
• Frullate fino a ottenere una crema morbida, con la quale ricoprite la fetta di pane tostato fredda.
• Qualche pomodorino rosso o un piccolo frutto di stagione concluderanno magnificamente questa gustosa merenda.
Sostituzioni: nello schema della dieta grezza l'olio extravergine di oliva sostituisce lo yogurt.

Preparazione: 1h e 10 minuti
Difficoltà: facile
Stagione: estate

Tarator

- 125 g di yogurt magro
- 1 cetriolo
- 40 g pane magro tostato
- 1 frutto di stagione
- aglio, sale e pepe

Preparazione: 15 minuti
Difficoltà: facile
Stagione: estate

• Sbucciate e tagliate a fettine (oppure grattugiate) il cetriolo, salatelo e ponetelo in frigorifero, per lasciargli fare l'acqua.
• Al momento di servire, mettete lo yogurt in una coppetta, aggiungete con parsimonia sale e pepe, la puntina d'aglio tritata, il cetriolo sgocciolato e asciugato.
• Mescolate bene e contornate di crostini di pane tostato tagliato a dadini. Un piccolo frutto di stagione, oppure un kiwi, concludono piacevolmente questo spuntino.

Müsli alla mela con yogurt

- 1 mela
- 1 limone
- 20 g di grano in chicchi
- qualche seme di anice
- cannella e chiodi di garofano in polvere
- uva passa ammollata
- 125 g di yogurt magro
- 1 bustina di dolcificante

Preparazione: 45 minuti
Difficoltà: facile
Stagione: autunno

• Tenete in ammollo per qualche ora il grano, poi fatelo bollire finché non diventa tenero.
• Intanto grattugiate la mela e la scorza del limone, mescolateli e irrorate con il succo del limone spremuto.
• In una coppetta versate lo yogurt, insaporendolo con i semi di anice, la cannella e i chiodi di garofano, ed eventualmente il dolcificante.
• Aggiungete infine la polpa di mela e il grano bollito e scolato. Guarnite spargendo a pioggia i chicchi di uvetta.
Sostituzioni: nello schema della dieta grezza i 30 grammi di grano sostituiscono il pane.

Bibite al latte

D'estate, oppure per un rapido spuntino, un bel bicchiere di latte freddo è sempre gradito, ma il suo sapore diventa prezioso se arricchito con i sapori della frutta secca o fresca.

Latte alle mandorle e sesamo

- 3 mandorle
- semi di sesamo
- 1 cucchiaino di buccia di limone grattugiata
- 100 g di latte scremato
- 1 bustina di dolcificante
- 2 fette biscottate integrali
- 1 frutto di stagione

• Macinate insieme le mandorle e una manciata di semi di sesamo. Suggeriamo di preparare il macinato in dosi multiple, in modo da trovarlo già pronto al momento di servire (si conserva bene per qualche giorno in frigorifero, chiuso in un barattolo ermetico).
• Mettete il latte in un bicchiere, se necessario allungatelo con un po' d'acqua, dolcificate e, mescolando, insaporitelo con i semi macinati e la scorza di limone grattugiata.
• Le due fette biscottate e il frutto di stagione completano lo spuntino.
Sostituzioni: al posto dei 100 grammi di latte totalmente scremato si possono usare 85 grammi di latte parzialmente scremato.

Preparazione: 10 minuti
Difficoltà: facile
Stagione: tutte le stagioni

Frullato alle noci di anacardio

- 3 noci di anacardio
- 3 nocciole
- 100 g di latte scremato
- 1 bustina di dolcificante
- 2 fette biscottate integrali
- 1 frutto di stagione

• Sgusciate e tritate grossolanamente le noci di anacardio e le nocciole.
• Frullate il composto insieme al latte e a mezzo bicchiere d'acqua.
• Al momento di servire potete aggiungere, se graditi, il dolcificante e qualche cubetto di ghiaccio; contornate con le fette biscottate e il piccolo frutto di stagione.

Sostituzioni: al posto dei 100 grammi di latte totalmente scremato si possono usare 85 grammi di latte parzialmente scremato.

Preparazione: 10 minuti
Difficoltà: facile
Stagione: tutte le stagioni

Cocktail

Ogni anno a Evian, in Francia sul lago di Ginevra, i migliori barman europei partecipano a un combattutissimo trofeo internazionale del cocktail dietetico. Queste bevande, prive di alcol e povere di calorie, sono fra le più richieste nei golf club e negli ambienti eleganti. Sarete dunque al centro dell'attenzione e risveglierete la curiosità golosa degli amici quando le preparerete voi stessi, o consiglierete gli amici o il barman.

Flamingo

- 1 clementina
- 1 spicchio di mela
- 2 spicchi di pompelmo
- qualche fragola
- 1 cuoricino di sedano
- acqua minerale naturale

• Tagliate a pezzetti la frutta e il cuoricino di sedano privato delle foglie, lavati e mondati.
• Metteteli nel frullatore, aggiungendo il mezzo bicchiere d'acqua minerale naturale e qualche cubetto di ghiaccio.
• Frullate per 2-3 minuti, fino a ottenere un fluido omogeneo e versatelo in un bicchiere a calice da long drink.
• Una fetta di pane tostata (30 g) spalmata di ricotta condita (*vedi* ricette alle pagine 46-47), darà il giusto spessore calorico allo spuntino.

Preparazione: 10 minuti
Difficoltà: facile
Stagione: tutte le stagioni

Vegetal cocktail

- Lavate e mondate il finocchio, poi tagliatene a pezzetti il cuore.
- Mettetelo nel frullatore con il prezzemolo, il succo di limone, quello di pomodoro, qualche goccia di tabasco e alcuni cubetti di ghiaccio.
- Frullate per 2-3 minuti, fino a ottenere un fluido piuttosto omogeneo, che verserete nel calice da long drink.
- Una fetta di pane tostata (40 g) spalmata di ricotta condita (*vedi* le ricette alle pagine 46-47), darà il giusto spessore calorico allo spuntino.

› 1 cuore di finocchio
› una manciatina di foglie di prezzemolo
› succo di un limone
› 200 g di succo di pomodoro
› tabasco

Preparazione: 10 minuti
Difficoltà: facile
Stagione: autunno-inverno

Minestre asciutte

La dieta del diabetico ha molti punti in comune con l'alimentazione mediterranea, considerata a livello internazionale e dai più accreditati consessi scientifici l'unica veramente idonea a prevenire o a coadiuvare la terapia delle malattie della civiltà del benessere, in particolare quelle vascolari e cardiache. Le minestre asciutte rispondono ai dettami della dieta mediterranea almeno in quattro punti fondamentali:

☞ congruo apporto di amidi come fonte di energia a lenta assimilazione, pulita ed economica;

☞ abbondanza di verdura, poco calorica, ma ricca di elementi assai importanti, come vitamine (e altri composti minori ad azione simile), fibra e minerali;

☞ contenuta presenza di grassi di condimento, quasi esclusivamente rappresentati da olio extravergine d'oliva, nel quale sono ripartite in modo ottimale le frazioni degli acidi grassi arricchite di vitamina E, e altre componenti che contrastano l'azione degenerativa svolta nell'organismo dai radicali liberi;

☞ non trascurabile apporto di proteine di origine vegetale.

Questi benefici non si presentano sotto l'aspetto poco invitante di una qualsiasi medicina, ma piuttosto con quello assai più gratificante e profumato di un bel piatto fumante di pasta asciutta o di risotto.

Protagonisti: pasta e ragù vegetali

Del pranzo tipico all'italiana la pasta asciutta è il necessario e insostituibile prodromo. Eppure per anni essa è stata ingiustamente messa all'indice, accusata di essere una subdola corruttrice di spartane e salutari (in realtà solo penalizzanti) regole di alimentazione. Per fortuna si è giunti a una visione più equanime: riabilitata la pasta, considerata per il diabetico assai più indicata del pane purché mantenuta nella giusta dimensione, si è finalmente individuato il vero colpevole: il condimento.
Queste ricette, esclusivamente vegetali, parche di grassi, ma ricche di sapore e di colore, sono dunque il miglior passaporto per la pasta, che potrà "frequentare" come merita la tavola del diabetico.
Dopo queste poche ma necessarie considerazioni "teoriche" diamo spazio alla pratica con le Sei Regole d'Oro per cucinare bene la pasta:

Maccheroncini alle cipolle

- 100 g di maccheroncini
- 1 grossa cipolla bianca dolce
- 50 g di passato di pomodoro
- 2 cucchiaini di olio extravergine d'oliva
- sale e pepe
- qualche foglia di basilico
- 1 cucchiaino di parmigiano

• Tagliate la cipolla ad anelli piuttosto spessi e fatela rosolare con l'olio in una padella antiaderente.
• Quando la cipolla comincia a imbiondire, fermate con un po' d'acqua la rosolatura, aggiungete il passato di pomodoro e le foglie di basilico, salate e pepate; coprite la padella, abbassate la fiamma e continuate la cottura per 15-20 minuti.
• Per la buona riuscita del piatto è bene evitare che gli anelli di cipolla si spappolino, conservando così la loro forma.
• A cottura ultimata scolate i maccheroncini, conditeli con il sughetto, disponendo in cima gli anelli di cipolla; cospargete di parmigiano.

Preparazione: 30 minuti
Difficoltà: facile
Stagione: estate

Bucatini alle melanzane

- 70 g di bucatini
- 1 piccola melanzana
- 1 pomodorino rosso
- olio extravergine d'oliva
- aglio e timo
- parmigiano grattugiato o pecorino
- sale e pepe

Preparazione: 30 minuti
Difficoltà: facile
Stagione: estate

• Tagliate la melanzana a dadini e fatela rosolare in una piccola padella con due cucchiaini d'olio e un po' di acqua.
• Aggiungete il pomodorino tagliato a pezzi, lo spicchio di aglio schiacciato, un po' di sale e di pepe, coprite e lasciate sobbollire per 15-20 minuti.
• Aggiungete un cucchiaino di timo e completate la cottura.
• Scolate i bucatini, che nel frattempo avrete lessato in abbondante acqua, sistemateli nel piatto e conditeli con il profumato sughetto; un cucchiaino di parmigiano, o meglio ancora il pecorino, darà il tocco finale.

Pasta dell'ortolano

- 50 g di farfalle
- 1 patata novella di circa 100 g
- 1 spicchio di cipolla
- 1 manciata di fagiolini
- qualche cimetta di cavolfiore
- 1 manciata di verza tagliata a striscioline
- 1 spicchio di pomodoro
- sale
- olio extravergine d'oliva
- parmigiano

Preparazione: 40 minuti
Difficoltà: facile
Stagione: autunno-inverno

• In acqua salata già a ebollizione mettete la patata sbucciata e tagliata, la cipolla e i fagiolini spezzettati.
• Lasciate cuocere per un quarto d'ora, quindi gettate la pasta, le cimette di cavolfiore, le strisce di verza e lo spicchio di pomodoro senza buccia e semi.
• A cottura ultimata, scolate tutto insieme, conservando un cucchiaio dell'acqua di cottura: vi servirà, con due cucchiaini d'olio e uno di parmigiano grattugiato, per condire pasta e verdure insieme.

Penne ai peperoni

- 70 g di penne
- 1 peperone giallo medio
- 1 piccola cipolla
- 50 g di passato di pomodoro
- olio extravergine d'oliva
- sale e pepe

Preparazione: 30 minuti
Difficoltà: facile
Stagione: estate

• Mentre l'acqua per la pasta si sta scaldando, abbrustolite leggermente il peperone, pelatelo e tagliatelo a strisce.
• In una piccola padella antiaderente fate dorare in due cucchiaini di olio la cipollina tritata; aggiungete il passato di pomodoro e le strisce di peperone, salate e pepate.
• Abbassate la fiamma al minimo, coprite e lasciate cuocere: a cottura ultimata della pasta il sugo sarà pronto per essere versato, fumante e colorato.

Maccheroncini con piselli e carciofi

- 70 g di penne
- piselli freschi sgusciati
- 2 fondi di carciofo
- olio extravergine d'oliva
- sale
- parmigiano grattugiato

Preparazione: 30 minuti
Difficoltà: facile
Stagione: primavera

• Mettete a bollire l'acqua per la pasta.
• Intanto in una piccola casseruola collocate una manciata di piselli, i fondi di carciofo mondati e tagliati a fettine sottili, due cucchiaini di olio e il sale; legate con un mestolo d'acqua e coprite.
• Lasciate cuocere a fuoco basso per una ventina di minuti; il tempo di portare a cottura la pasta.
• Dopo aver scolato i maccheroncini, condite con i fondi di carciofo e servite cospargendo con un cucchiaino di parmigiano.

LE REGOLE D'ORO PER CUCINARE LA PASTA

◆ Innanzitutto occorre usare una pentola a bordi alti ed è importante che sia piuttosto capace.
◆ La dose giusta d'acqua è di 1 litro ogni 100 g di pasta.
◆ Si sala quando l'acqua è in ebollizione, in ragione di 2 cucchiaini (10 g) di sale grosso per ogni litro d'acqua.
◆ Dopo aver gettato la pasta si mescola subito a lungo per evitare che si attacchi al fondo della pentola. Appena l'acqua torna a bollire si abbassa il fuoco e si lascia cuocere, mescolando spesso.
◆ È buona norma rispettare i tempi di cottura indicati sulla confezione, tuttavia è prudente assaggiare la pasta quando si è vicini al termine della cottura.
◆ È sempre consigliabile impiegare pasta di grano duro, che assorbe più acqua durante la cottura (mantenendo quasi inalterato il suo potere nutritivo), e scuoce meno facilmente.

Spaghettini con pomodoro e olive

- 100 g di spaghettini
- 2 scalogni
- 1 grosso pomodoro
- rosmarino e timo tritati
- mezzo peperone verde
- olive nere e parmigiano
- olio extravergine d'oliva
- vino bianco e sale

Preparazione: 40 minuti
Difficoltà: medio
Stagione: tutte le stagioni

• In una padella antiaderente fate dorare con due cucchiaini di olio diluito e un po' di acqua gli scalogni tritati; poi aggiungete il grosso pomodoro tagliato a pezzi e il cucchiaino di rosmarino e timo.
• Coprite e fate cuocere per una decina di minuti.
• Aggiungete il mezzo peperone tagliato a striscioline e 3-4 olive sminuzzate, salate e spruzzate di vino bianco secco; coprite di nuovo e lasciate stufare fino a completa cottura del peperone.
• Intanto avrete lessato gli spaghettini, pronti per essere conditi con questo sughetto francese, cui non dispiace il tocco italiano di un cucchiaino di parmigiano.

Penne all'arrabbiata

- 70 g di penne lisce
- olio extravergine d'oliva
- 1 spicchio di aglio
- peperoncino rosso
- 200 g di pomodori pelati
- sale
- prezzemolo

Preparazione: 20 minuti
Difficoltà: facile
Stagione: tutte le stagioni

• In una larga padella antiaderente fate rosolare due cucchiaini di olio diluiti in mezzo bicchiere d'acqua, l'aglio e mezzo peperoncino.
• Togliete entrambi, aggiungete nella padella i pelati, schiacciateli, regolate di sale, coprite e lasciate cuocere a fuoco basso per un quarto d'ora.
• Intanto avrete avviato la cottura della pasta, che dovrete scolare "al dente" e passare in padella insieme al sugo, a fuoco vivo.
• Servite con un cucchiaino di prezzemolo fresco tritato.

Tagliatelle con asparagi

› 60 g di tagliatelle all'uovo
› 100 g di asparagi
› 1 cipollina bianca
› olio extravergine d'oliva
› sale e pepe
› parmigiano grattugiato

Preparazione: 30 minuti
Difficoltà: facile
Stagione: primavera

• Lessate a vapore (per circa 10 minuti) le punte di asparago.
• Fate appena dorare in due cucchiaini di olio, diluito con un po' d'acqua, la cipollina tritata; aggiungete le punte di asparago lessate e un cucchiaio della loro acqua di cottura.
• Salate, pepate e lasciate stufare per un quarto d'ora circa.
• Una volta che è cotta la pasta e ben scolata, condirete con il sugo e un cucchiaino di parmigiano.

Protagonisti: riso e verdure

Assai simile nelle caratteristiche calorico-compositive alla pasta, il riso le è certamente superiore per duttilità gastronomica. È buono freddo (come base alle più sorprendenti insalate), bollito (per raccogliere sapidi intingoli), e cucinato in risotto risulta ineguagliabile nel dare risalto e consistenza al profumo dei più svariati condimenti.
Ognuno di questi piatti richiede tuttavia la giusta varietà di riso: sarebbe imperdonabile e maldestro affidarsi al primo che si incontra sui ripiani del supermercato.

Riso in insalata alle crudità

› 70 g di riso integrale
› 1 pomodoro e 1 carota
› mezzo peperone
› mezzo cetriolo
› 1 cuore di sedano
› succo di un limone
› olio extravergine d'oliva
› sale e pepe
› 1 ciuffetto di basilico

Preparazione: 30 minuti
Difficoltà: facile
Stagione: estate

• Tenete il riso in ammollo per qualche ora, per ammorbidirlo; lessatelo, scolatelo, passatelo sotto l'acqua fredda e accomodatelo in una terrinetta.
• Tagliate a fettine il pomodoro; tagliate a fiammiferi (o grattugiate) la carota, a striscioline fini il peperone e il cuore di sedano.
• Affettate il cetriolo sbucciato, tenendolo da parte, cosparso di sale, per fargli espellere l'acqua.
• Emulsionate due cucchiaini di olio con il succo di limone, il sale e il pepe, e condite successivamente riso e verdure.
• Per ultimo unite i cetrioli ben asciugati e guarnite con le foglie di basilico.

Risotto al curry

- 70 g di riso fino o superfino
- 1 cipollina bianca
- 2 cucchiaini di burro
- 300 g di brodo accuratamente sgrassato (*vedi* p. 85)
- 1 cucchiaino colmo di curry
- sale
- 1 cucchiaino di burro

Preparazione: 30 minuti
Difficoltà: media
Stagione: tutte le stagioni

• Per la buona riuscita del piatto è indispensabile non solo avere a disposizione un curry di buona qualità, ma anche sostituire il burro all'olio: un piccolo strappo, ogni tanto, merita un po' di indulgenza!

• In una pirofila a bordo basso (o in una teglia che possa andare in forno) fate soffriggere in due terzi del burro la cipolla tritata, facendo attenzione che non prenda colore; aggiungete il riso, amalgamatelo al condimento e lasciatelo tostare.

• Bagnate quindi con un mestolino di brodo caldissimo in cui avete sciolto il curry, mescolate, poi aggiungete (tutto in una volta) il resto del brodo.

• Ripresa l'ebollizione, coprite la pirofila e passatela in forno preriscaldato.

• Continuate la cottura a calore moderato per circa un quarto d'ora, senza mescolare.

• Quando il brodo è stato tutto assorbito, il risotto è pronto; levate dal forno, condite con l'ultimo cucchiaino di burro e "sgranate" bene con la forchetta.

Sostituzioni: nello schema della dieta grezza i tre cucchiaini di burro sostituiscono l'olio e il parmigiano.

Riso bollito con la peperonata

- 70 g di riso fino o superfino
- 1 peperone
- 1/4 di cipolla
- 1 puntina di aglio
- 200 g di pomodori
- due cucchiaini di olio extravergine d'oliva
- sale

• Per prima cosa preparate la peperonata: in una padella antiaderente scaldate l'olio, diluito con un po' d'acqua, insieme all'aglio, che andrà tolto appena si ammorbidisce.

• Unite quindi la cipolla affettata e il peperone tagliato a striscioline e lasciate che appassiscano e si ammorbidiscano, a tegame coperto e fuoco basso.

• Aggiungete i pomodori tagliati a pezzi, oppure i pelati, salate e fate cuocere finché il liquido verrà quasi tutto assorbito (la peperonata è buona piuttosto asciutta!); lasciate raffreddare.

• È tutto: basterà poi bollire il riso in abbondante acqua salata, scolarlo, passarlo sotto l'acqua fredda e finalmente condirlo con il nostro sugo saporito e colorato.

Preparazione: 30 minuti
Difficoltà: facile
Stagione: estate

Riso bollito al pomodoro e funghi porcini

- 70 g di riso fino
- 1 grosso pomodoro
- 1 piccolo porcino fresco
- mezza cipolla piccola
- mezzo spicchio d'aglio
- prezzemolo
- basilico q.b.
- olio extravergine d'oliva
- sale e pepe
- parmigiano

• In una padella antiaderente rosolate leggermente in due cucchiaini di olio e un po' d'acqua la cipollina e l'aglio tritati.

• Aggiungete il pomodoro a pezzi (se non avete un pomodoro fresco potete usare 200 grammi di pomodori pelati sgocciolati) e le foglie di basilico; salate, pepate e fate cuocere a pentola coperta per un quarto d'ora.

• Unite il porcino tagliato a fettine sottili e un cucchiaino di prezzemolo tritato e continuate la cottura a fuoco basso per una mezz'oretta.

• Nel frattempo lessate il riso in acqua bollente salata; scolatelo al dente e ponetelo fumante nel piatto fondo. Condite con il sugo al porcino e un cucchiaino di parmigiano, rigirate con cura e servite subito.

Preparazione: 40 minuti
Difficoltà: facile
Stagione: estate

Risotto primavera

- 70 g di riso fino o superfino
- 1 gambo di sedano
- 1 cipolla e 1 zucchino
- 1 manciata di spinaci
- alcune punte di asparago
- 300 g di brodo sgrassato
- olio extravergine d'oliva
- sale e parmigiano

Preparazione: 30 minuti
Difficoltà: facile
Stagione: primavera

• In una pentola fonda di adeguate dimensioni mettete a soffriggere (con due cucchiaini di olio e qualche cucchiaiata di brodo) la cipollina tritata.
• Aggiungete tutte le verdure tagliate a pezzetti, tranne gli spinaci, e lasciatele ammorbidire e insaporire.
• Gettate il riso, fatelo tostare, regolate di sale; quindi bagnate poco a poco con il brodo bollente, mescolando spesso.
• Dieci minuti prima che il risotto sia pronto aggiungete gli spinaci grossolanamente tritati.
• A cottura ultimata cospargete con un cucchiaino di parmigiano grattugiato a fuoco spento, date un'ultima mescolata e servite.

Risotto agli champignon

- 100 g di riso fino
- 100 g di teste di champignon
- 1 piccola cipolla
- 2 cucchiaini di olio extravergine d'oliva
- 300 g di brodo sgrassato (*vedi* p. 85)
- 1 cucchiaino di prezzemolo fresco
- sale e pepe
- 1 cucchiaino di parmigiano grattugiato

Preparazione: 40 minuti
Difficoltà: facile
Stagione: autunno

• In un cucchiaino di olio e qualche cucchiaiata di brodo cuocete per 15-20 minuti le teste di champignon tagliate a fettine sottili, che terrete poi in caldo, coperte.
• Nella solita pentola per risotti fate intanto soffriggere (con il restante cucchiaino di olio e un altro po' di brodo) la cipollina tritata.
• Aggiungete il riso, fatelo tostare, regolate di sale e di pepe, continuate a bagnare via via con il brodo caldo, mescolando spesso.
• Circa a metà cottura aggiungete una cucchiaiata di funghi e il prezzemolo tritato.
• All'ultimo mantecate il risotto con il parmigiano, disponetelo sul piatto fondo e sistemate al centro il sughetto di funghi.
• Lo stesso procedimento può servire per cucinare un delicato risotto con i piselli.

Risotto con la zucca

• Mettete al fuoco in una padella un cucchiaino d'olio, un po' di brodo e la zucca tagliata a piccoli dadi.
• Lasciate ammorbidire, salate, pepate e cuocete per una decina di minuti, mescolando e schiacciando con la forchetta.
• A parte, nella solita pentola per risotti, fate soffriggere (nel restante cucchiaino d'olio e un po' di brodo) la cipollina tritata.
• Unite il riso, lasciatelo tostare per qualche minuto, poi aggiungete la zucca, un po' di sale, la noce moscata e versate poco a poco il brodo, facendolo assorbire.
• Prima di servire, unite il parmigiano a fuoco spento.

- 70 g di riso fino o superfino
- 250 g di zucca gialla
- 2 cucchiaini di olio extravergine d'oliva
- 1 cipollina
- 300 g di brodo sgrassato (*vedi* p. 85)
- sale e pepe
- un pizzico di noce moscata grattugiata
- 1 cucchiaino di parmigiano grattugiato

Preparazione: 30 minuti
Difficoltà: facile
Stagione: autunno-inverno

Risotto con i fondi di carciofo

• In una pentola fonda fate cuocere per una decina di minuti (in qualche cucchiaiata di brodo e due cucchiaini di olio) i fondi di carciofo tagliati a fettine sottili (se non avete a disposizione i carciofi freschi potete utilizzare anche i carciofi surgelati).
• Quando sono insaporiti e ammorbiditi, gettate il riso, tostatelo mescolando bene, salate e pepate.
• Bagnate con un mestolo di brodo bollente, che va poi aggiunto via via che viene assorbito.
• A fine cottura (15-20 minuti), aggiungete un cucchiaino di menta o di maggiorana e quello di parmigiano; date un'ultima rimescolata a fuoco spento e servite.
• Allo stesso modo si cucina il risotto di zucchini o di asparagi.

- 70 g di riso fino o superfino
- 2-3 fondi di carciofo
- 300 g di brodo sgrassato
- olio extravergine d'oliva
- sale e pepe
- mentuccia o maggiorana
- 1 cucchiaino di parmigiano grattugiato

Preparazione: 30 minuti
Difficoltà: facile
Stagione: primavera

Carne e verdure

Quando, milioni di anni fa, i nostri progenitori arboricoli lasciarono la foresta per affrontare la savana, cambiarono con gradualità le abitudini alimentari da eminentemente vegetariane a più spiccatamente carnivore, come suggestive testimonianze fossili documentano. Ciò indusse profonde modificazioni nel loro comportamento, perché dovendo dedicare minor tempo alle necessità nutrizionali (gli erbivori e i frugivori, a differenza dei carnivori, utilizzano quasi tutta

la giornata nella raccolta del cibo), ne ebbero di più a disposizione per altre attività, con effetti determinanti sull'evoluzione biologica e culturale della specie.
L'abitudine a mangiare carne fa dunque parte della storia evolutiva dell'uomo, e la sua utilizzazione è fisiologicamente inserita nei nostri metabolismi: si potrebbe forse definirla una sorta di peccato originale, ma certo non una scelta voluttuaria e nociva, come alcuni sostengono, più per motivi filosofico-ideologici che nutrizionali.
La scelta di una dieta esclusivamente vegetariana provoca infatti carenze proteiche, minerali (calcio, ferro, zinco, rame, selenio), vitaminiche e di altre componenti, con una lunga serie di ripercussioni, non escluso il deficit delle difese immunitarie. Per non parlare di particolari e delicati momenti della nostra vita (per

esempio la crescita e la senescenza), in cui i nutrienti della carne hanno un ruolo insostituibile. Ha invece più probabilità di evitare questi pericoli chi utilizza una dieta varia ed equilibrata nella quale tutti gli alimenti, compresa la carne, purché magra, trovano una giusta collocazione.

Come già più volte abbiamo fatto intendere fra le righe, il contributo di un singolo alimento deve essere valutato non in senso assoluto quanto piuttosto in riferimento alla globalità degli apporti giornalieri. Infatti ogni cibo rappresenta soltanto una tessera da inserire in modo armonico nel complesso mosaico degli equilibri nutrizionali.

Proprio tenendo presente questo principio cardine abbiamo scelto gli ingredienti delle pietanze qui proposte. In esse, insieme alla carne in quantità controllata, le verdure (leggi fibra) e l'olio extravergine d'oliva (leggi grassi prevalentemente mono e polinsaturi) costituiscono parte integrante della portata stessa, consentendo "elaborazioni" gastronomiche molto appetibili, spesso consacrate da tradizioni di alta cucina.

E visto che abbiamo tutte le intenzioni di appagare il buongustaio, perché non aiutarlo a scegliere anche il vino adatto a dare la giusta enfasi al sapore di una buona pietanza?

Ecco dunque qualche suggerimento per organizzare una piccola cantina ben fornita, dove sarà piacevole cercare la bottiglia più adatta, valutando e pregustando l'abbinamento alla vivanda.

Nel settore dei "bianchi" metteremo qualche bottiglia di vino giovane, leggero e abbastanza secco (tipo l'Orvieto, il Trebbiano, il Pinot o il frizzante Turà), per accompagnare pesce e carni bianche, o semplicemente per fare onore al buon desinare quotidiano. Se con le carni preferite il rosso, sempre giovane, ideali sono il Sangiovese di Romagna, il Marzemino trentino, il Merlot, il Cabernet e il siciliano Corvo rosso; per accompagnare i bolliti o le pietanze più saporite, ci sta bene un frizzantino, come il Lambrusco secco o il Barbera del Monferrato.

Per le cene più importanti consigliamo Sauvignon altoatesino, Chardonnay del Collio, oppure delle Langhe (ottimi per qualche bel pesce di pregio o carni ar-

rostite bianche), o un Barolo, un Vino Nobile di Montepulciano, un Chianti classico o un Rosso siciliano del Conte di Regaleali (se il pranzo è a base di carni rosse, e necessita perciò di un vino di maggior corpo).
Niente vini dolci da dessert, piuttosto un flûte di spumante secco, che rallegra ancor di più: per esempio uno Spumante Classico di Franciacorta, un Pinot di Pinot, o un Prosecco di Valdobbiadene, oppure, se volete proprio folleggiare, uno Champagne Brut.
In piccole dosi (un bicchiere a pasto), purché secco e di moderata gradazione, il vino può dunque entrare nelle abitudini alimentari del diabetico, sia per il piacere conviviale sia per le proprietà vasodilatatrici coronariche e, specie nei vini rossi, antitrombotiche.
Attenzione, però! Il vino non è acqua, e incide sul bilancio calorico (circa 75 calorie per 100 g).
Diverso è il discorso sulla birra: anche se presenta una gradazione alcolica (3 gradi circa) e un contenuto calorico (47 calorie per 100 g) più bassi, contiene però zuccheri semplici in quantità non trascurabile (2-5% di maltosio). Meglio perciò non indulgervi.

Protagonisti: carni rosse

Queste carni sono oggi avversate, in qualche caso addirittura "demonizzate", perché rispetto ad altre associano al colesterolo un più elevato contenuto di grassi saturi. Ma se piacciono non c'è motivo di escluderle del tutto dalla tavola del diabetico: basterà avere l'accortezza di sceglierle magre, di consumarne quantità moderate, e di non farne un impiego costante ed esclusivo, alternandole invece con quelle di altri animali.
Se la carne è magra, non c'è alcuna differenza compositiva tra un taglio e l'altro, quindi è immotivato credere che la classica fettina di quarto posteriore sia più sana di altre parti. Ammettiamo piuttosto che è più veloce da preparare, ma questo pregio si sconta con la monotonia e il modesto "tono" gastronomico. Nelle ricette che seguiranno troverete qualche novità da inserire nei vostri menù abituali.

Filetto Casinò

- Ungete uniformemente con tre cucchiaini di olio il fondo di una padella, ricoprite del trito di champignon e prezzemolo, disponetevi sopra il filetto che farete dorare a calore vivo, curando che parte del trito vi rimanga aderente.
- Girate il filetto e rosolate anche dall'altra parte.
- Quando il filetto è cotto al punto giusto, condite con sale e pepe e adagiatelo nel piatto di portata; copritelo.
- Versate nel fondo di cottura una cucchiaiata di brodo e una spruzzatina di vino bianco, fate ritirare mescolando, aggiungete il succo di limone.
- Versate sul filetto la salsa ottenuta e servite subito.
- Per allineare la portata alle caratteristiche della Dieta grezza, occorre completarla con un finocchio crudo (oppure cotto al vapore) tagliato a piccoli spicchi, o con un cuore di sedano. Un buon bicchiere di vino rosso darà il tocco conclusivo.

› 80 g di filetto di vitellone o di bue in una sola fetta
› 50 g di funghi champignon tritati
› 1 cucchiaino di prezzemolo tritato
› olio extravergine d'oliva
› 1 cucchiata di brodo (*vedi* p. 85)
› vino bianco
› succo di mezzo limone
› sale e pepe

Preparazione: 20 minuti
Difficoltà: facile
Stagione: autunno-inverno

Filetto Grand Hotel

- Snocciolate e tagliate a fettine le olive; tagliate a filetti gli zucchini.
- In una piccola pentola cuocete per otto minuti il pomodoro tagliato a pezzi, insieme a un cucchiaino d'olio e alle olive; salate, pepate, coprite e tenete in caldo.
- Tagliate la patatina pelata in fettine sottilissime, che farete andare coperte, con acqua e un cucchiaino di olio e sale, finché sono cotte (ma non disfatte).
- Soffriggete i filetti di zucchini nel restante cucchiaino di olio, allungato con un po' di brodo; aggiustate di sale e di pepe.
- In una padella antiaderente unta con un cucchiaino di olio e ben scaldata ponete la fetta di carne, fatela rosolare e disponetela sul piatto, salando e pepando.
- Staccate il fondo di cottura col brodo e fatelo leggermente ritirare; disponete infine il filetto sul piatto di portata, guarnendolo con le verdure, e irrorate con il sughetto.
- Accompagnate con un buon vino rosso, magari un po' frizzante.

› 80 g di filetto di vitellone o di bue in una sola fetta
› 4 cucchiaini di olio extravergine d'oliva
› 1 pomodoro rosso
› 2-3 olive verdi snocciolate e tagliate a fettine
› 150 g di zucchini tagliati a filetti
› 1 patatina novella (50 g)
› brodo sgrassato (*vedi* p. 85)
› sale e pepe

Preparazione: 30 minuti
Difficoltà: media
Stagione: estate

Gulasch ai peperoni

- 80 g di spezzatino di manzo
- 1 cipolla
- 1 spicchio d'aglio
- 1 pomodoro
- 1 piccolo peperone verde
- 1 piccolo peperone rosso
- olio extravergine d'oliva
- paprika dolce e sale

Preparazione: 1h e 10 minuti
Difficoltà: facile
Stagione: estate

• Tritate cipolla e aglio e fateli rosolare con quattro cucchiaini di olio in una casseruola.
• Aggiungete un cucchiaino di paprika dolce e la carne, coprite e fate cuocere a fuoco basso, per mezz'ora, bagnando, se necessario, con acqua.
• Salate, unite il pomodoro tagliato in quattro pezzi e lasciate sobbollire per un'altra mezz'ora, mescolando.
• Infine unite i due piccoli peperoni tagliati a listerelle e portate a cottura.
• È d'obbligo un vino rosso.

Vitello all'uccelletto con carciofi

- 80 g di polpa di vitello
- olio extravergine d'oliva
- 4 foglioline di salvia
- vino bianco secco
- 2 carciofi
- brodo sgrassato q.b.
- succo di limone
- sale e pepe

Preparazione: 50 minuti
Difficoltà: medio
Stagione: primavera

• In una casseruola scaldate tre cucchiaini d'olio e gettatevi il vitello tagliato a cubetti, lasciate che prenda colore, aggiungete le foglioline di salvia, salate e spruzzate col vino bianco, facendo evaporare.
• Aggiungete tanto brodo da ricoprire la carne.
• Private i carciofi dalle foglie esterne, tagliateli longitudinalmente a fettine sottili e aggiungeteli alla carne.
• Coprite e terminate la cottura riducendo il liquido.
• Prima di servire in tavola irrorate la pietanza di succo di limone.
• Un bicchiere di vino bianco secco completerà quindi la portata.

Hamburger e svizzere

Si tratta di piatti poveri, che possono essere realizzati con le parti meno pregiate delle carni di manzo, spesso troppo ricche di grasso. Eppure hanno avuto un grandissimo successo, specialmente fra i giovani, che per gustarli disertano spesso la cucina di casa, che è invece assai più salutare e gustosa. È pur vero che il sapore migliore dell'hamburger sta soprattutto nella compagnia degli amici, ma la padrona di casa attenta non deve comunque lasciarsi sfuggire questa occasione: ecco dunque degli hamburger casalinghi in grado di gareggiare per fantasia, bontà e qualità con qualsiasi fast-food.

Hamburger alle cipolle

- 80 g di polpa magra di manzo tritata
- 1 cipolla bianca piccola
- 1 pomodorino rosso
- 200 g di insalatina
- 4 cucchiaini di olio extravergine d'oliva
- succo di un limone
- sale e pepe

- Fate tritare due volte la polpa magra dal macellaio: l'hamburger resterà più compatto.
- Tritate finemente quasi tutta la cipolla (se ne conserva solo una fettina, che servirà per guarnire), amalgamate alla carne e formate una polpetta appiattita.
- Ungete il fondo di una padella antiaderente con un cucchiaino d'olio, scaldate e cuocete l'hamburger a fuoco abbastanza vivace, quattro minuti per parte (l'interno dovrà rimanere leggermente rosato).
- Salate, pepate e deponete l'hamburger sull'insalatina condita con olio, limone, sale e pepe.
- Decorate con la fettina di cipolla cruda e un mezzo pomodorino rosso.
- Il vino non può essere che rosso, magari un po' frizzante.

Preparazione: 15 minuti
Difficoltà: facile
Stagione: tutte le stagioni

Svizzera classica

- 80 g di polpa magra di manzo tritata
- un po' di mollica di pane
- un po' di latte
- prezzemolo
- un po' di farina
- 4 cucchiaini di olio extravergine d'oliva
- 250 g di verza bianca tagliata a sottili listarelle
- 1 cucchiaio di aceto
- sale e pepe

- Prima regola fondamentale: la svizzera acquista sapore, personalità e volume se posta su un letto di verdure dall'aroma deciso.
- Fate assorbire il latte alla pallottola di mollica, strizzate bene e mescolate alla carne tritata e al cucchiaino di prezzemolo tritato.
- Formate una polpetta piuttosto piatta, infarinatela leggermente e ponetela a cuocere (a fuoco medio) in una piccola padella antiaderente con un cucchiaino d'olio: basteranno 6-8 minuti di cottura. Salate e pepate alla fine.
- Intanto sistemate la verza bianca nel piatto, conditela con abbondante aceto, tre cucchiaini d'olio, sale e pe-

Preparazione: 15 minuti
Difficoltà: facile
Stagione: inverno

pe; lasciate insaporire per qualche minuto.

• Adagiate la svizzera sul letto di verza.

• Un rosso frizzante tipo Barbera accompagnerà alla perfezione questo gustoso piatto.

Svizzera alle acciughe

- 80 g di polpa magra di manzo tritata
- 1 acciuga sottolio
- un po' di mollica di pane
- prezzemolo
- un po' di farina
- 4 cucchiaini d'olio extravergine d'oliva
- 250 g di cimette di cavolfiori o di broccoli
- succo di un limone
- sale e pepe

• Per prima cosa cuocete al vapore (o lessate) le cimette di cavolfiore o di broccoli, che terrete in caldo.

• Inumidite con acqua, acidulata con qualche goccia di succo di limone, la pallottola di mollica; strizzate bene e mescolate con la carne e un cucchiaino di prezzemolo tritato.

• Dividete l'impasto e formate due polpette sottili e uguali: su una disponete l'acciuga a pezzettini (è importante asciugare bene l'acciuga con della carta assorbente per togliere l'olio in eccesso).

• Con la seconda polpetta coprite la prima, poi premetele l'una contro l'altra, in modo da formare un'unica polpetta, che cuocerete in una padella antiaderente di giuste dimensioni, a fuoco medio e con un cucchiaino d'olio, per una decina di minuti.

• Regolate di sale e di pepe, disponete la polpetta sui broccoli o il cavolfiore, già conditi con olio e limone.

• Si prestano sia il vino bianco che quello rosso.

Preparazione: 15 minuti
Difficoltà: facile
Stagione: inverno

Polpettine ai capperi

- 80 g di polpa magra di manzo tritata
- una manciata di capperi
- mollica di pane
- un po' di latte
- un po' di farina
- 1 acciuga sottolio
- maggiorana
- olio extravergine d'oliva
- vino bianco
- 250 g di sedano rapa
- succo di un limone
- sale e pepe

• Fate ammorbidire la pallottola di mollica nel latte e strizzatela bene.

• Mettete in una ciotola la carne tritata, la mollica, un pizzico di maggiorana e una puntina di sale.

• Lavorate a lungo con le mani affinché gli ingredienti si amalgamino bene e confezionate tre-quattro pallottoline grosse come una noce, infilando in ognuna due o tre capperi.

• Mettete le polpettine leggermente infarinate a rosolare delicatamente (e girandole spesso) in una padella antiaderente, con i quattro cucchiaini d'olio caldo.

• Spruzzate di vino bianco e fate cuocere ancora per qualche minuto.

• Intanto avrete disposto sul piatto di servizio il sedano rapa tagliato a julienne, su cui si adagerete le polpettine già cotte.
• Irrorate col sughetto di cottura, che avrete tirato con il succo del limone, sale e pepe.
• Un bicchiere di Merlot si accompagna ottimamente.

Preparazione: 15 minuti
Difficoltà: facile
Stagione: autunno-inverno

E il bollito?

Per un buon lesso di carne magra (vitellone o manzo) occorre una giusta proporzione acqua-carne: per 400-500 g di carne basta un litro e mezzo d'acqua. Ma affinché il bollito acquisti la sottile fragranza che lo caratterizza, occorre un mazzolino di verdure e aromi assortito: sedano, carota, cipolla punteggiata di due o tre chiodi di garofano, una foglia di alloro, uno spicchio d'aglio, qualche grano di pepe. Quando l'acqua con tutte le verdure è giunta a ebollizione, si sala e si immerge la carne. La cottura deve essere dolce e prolungata, con la pentola semichiusa da un coperchio, e sarà completa quando la carne risulterà morbida alla forchetta. Il lesso tradizionale è così gradevole perché vengono impiegati tagli misti di grasso e collagene, mentre quelli consigliati per l'alimentazione del diabetico, o di chi comunque deve seguire una dieta salutare, devono essere obbligatoriamente magri. Il lesso ottenuto da queste carni risulta senz'altro più digeribile e sano, ma anche meno saporito: è possibile però gustarlo "rifatto" nei modi già collaudati da tradizioni gastronomiche familiari, oppure sperimentando qualche idea nuova.

Manzo lesso in insalata

- 80 g di carne magra
- 1 piccola cipolla bianca
- 200 g di carote e di gambi di sedano
- menta e prezzemolo
- una manciata di capperi
- 1 cetriolo sottaceto

Per la vinaigrette:

- senape e aceto
- olio extravergine di oliva
- sale e pepe

Preparazione: 10 minuti
Difficoltà: facile
Stagione: tutte le stagioni

• Dopo aver lessato la carne magra di manzo, tagliatela a dadini, privatela di ogni traccia di grasso e ponetela in una terrinetta di vetro.

• Cospargete la superficie di cipolla fresca tritata, foglioline di menta, prezzemolo tritato, capperi, cetriolino sottaceto sminuzzato, carote e gambi di sedano tagliati a julienne.

• Preparate una vinaigrette con i quattro cucchiaini d'olio e il cucchiaio d'aceto, in cui avrete sciolto senape, sale e pepe. Con essa si ricopre la superficie dell'insalata. Mescolare bene prima di servire.

• Per questa pietanza si presta particolarmente l'abbinamento con un vino rosso corposo.

Manzo bollito in intingolo di sedano

- Manzo bollito (pari a 80 g di carne cruda magra)
- 250 g di coste di sedano
- 1 cipollina
- 100 g di polpa di pomodoro
- 4 cucchiaini di olio extravergine d'oliva
- sale e pepe

• Tagliate le coste di sedano in pezzi di circa 5 cm, gettatele in acqua bollente salata, lasciate cuocere quasi del tutto e scolate.
• Nel frattempo tagliate a dadini il lesso, privato di tutto il grasso visibile, e preparate un soffritto con i tre cucchiaini d'olio e la cipolla tritata; aggiungete la polpa di pomodoro e fatela un po' ritirare.
• Unite i gambi di sedano e un mestolo d'acqua, salate e pepate, coprite e lasciate stufare a fuoco dolce.
• Qualche minuto prima di ritirare la vivanda per servirla, aggiungete i dadi di lesso, mescolate insaporendo e scaldando.
• Una variante gustosa, ma di sapore più robusto, si può realizzare sostituendo ai sedani pezzi di peperone abbrustoliti e spellati.
• Si serve con vino rosso tipo Barbera.

Preparazione: 20 minuti
Difficoltà: facile
Stagione: tutte le stagioni

Manzo bollito Miroton

- Manzo bollito (80 g di carne cruda magra)
- 1 grossa cipolla
- 4 cucchiaini di olio extravergine d'oliva
- 1 cucchiaio d'aceto
- 1 mestolo di brodo sgrassato
- 5-6 cetriolini sottaceto
- sale e pepe

Preparazione: 15 minuti
Difficoltà: facile
Stagione: tutte le stagioni

• Tritate la cipolla e fatela dorare in una padella antiaderente con i quattro cucchiaini d'olio; quindi salate e pepate, bagnate con l'aceto e il brodo e fate bollire a fuoco vivo per dieci minuti, mescolando spesso.
• Quando la cipolla è diventata una crema, aggiungete il manzo bollito tagliato a dadini e ben pulito dal grasso, abbassate la fiamma, coprite e lasciate cuocere per qualche minuto.
• Prima di servire, aggiungete i cetriolini tagliati a listelle.
• È piuttosto difficile consigliare un vino che si sposi a una portata dal sapore così dominante; meglio staccare con qualche spicchio di sedano o di finocchio e bersi a fine pranzo un calicetto di bianco, magari un po' frizzante.

Manzo lesso rifatto al prezzemolo

- manzo bollito (pari a 80 g di carne cruda magra)
- 250 g di teste di champignon
- 1 cucchiaino colmo di prezzemolo tritato
- 4 cucchiaini di olio extravergine d'oliva
- una punta di senape
- 1 cucchiaio di aceto
- succo di limone
- sale

Preparazione: 15 minuti
Difficoltà: facile
Stagione: autunno-inverno

• Per prima cosa affettate sottilmente le teste di champignon, disponetele sul piatto di portata, salate leggermente e fate sbiancare con il succo di limone, mescolando spesso.
• Tagliate a dadini il manzo bollito, ripulito di tutto il grasso visibile, e ponetelo in una piccola pentola a insaporire con quattro cucchiaini d'olio.
• Scaldate a fuoco dolce per qualche minuto e cospargete di prezzemolo.
• Togliete la carne dal tegame e sistematela in un piatto, tenendola al caldo.
• Nell'olio di cottura versate un cucchiaio d'aceto e uno d'acqua calda; aggiungete la punta di senape, mescolate e amalgamate la salsa, facendola un po' ritirare.
• Disponete la carne nel piatto di portata, già preparato col suo letto di champignon, e irrorate il tutto con la salsetta.
• Un buon rosso giovane ben si accompagna alla preparazione.

Protagonisti: le carni "alternative"

Le carni di maiale, agnello, pollo, tacchino, coniglio sono squisite, ricche di nutrienti e minerali quanto quelle bovine e molto più valutate dai moderni indirizzi dietologici, che sono orientati verso la prevenzione dell'ipertensione e delle malattie cardiovascolari. Eppure esse sono ancora piuttosto trascurate, e sacrificate nel nome della veloce fettina, che appare più in sintonia con i tempi convulsi della vita di oggi.

In effetti, se vogliamo individuare un limite in queste carni, esso è proprio il tempo di cottura, obiettivamente più lungo. Ma chi ama la buona cucina ben conosce il piacere di sentire nell'aria il profumo della vivanda che pian piano acquista forma e perfezione con la lenta cottura; anzi questa "anticipazione" stimola ancor più il desiderio di assaporarla.

Maiale

La carne di maiale è gradita quasi da tutti, nonostante facciano capolino non pochi sensi di colpa: è grassa, indigesta, fa male alla salute, alza il colesterolo, dà "riscaldo", fa ingrassare, e via dicendo, in una lunga serie di pregiudizi, che se possono trovare qualche giustificazione per gli insaccati o per le parti grasse (come spiedini, costine, testina, pancetta), non sono certo condivisibili per quanto riguarda la carne fresca di suino leggero, oggi ottenuta da razze selezionate, e allevate con diete equilibrate a base di mangimi ricchi di farina di pesce. Questa carne è bianca, tenera, di facile cottura, gustosa, digeribile, paragonabile a quella del vitello, anzi per certi aspetti migliore, perché più ricca di grassi mono e polinsaturi, di vitamine del gruppo B e di zinco, minerale indispensabile per il funzionamento di alcuni sistemi enzimatici (ossidazione dell'alcol, difesa contro i radicali liberi ecc.).

Braciola all'acqua

- 1 braciola di 90 g al netto dell'osso senza grasso
- salvia, rosmarino e aglio
- vino bianco
- sale e pepe

Per la ratatouille:

- olio extravergine d'oliva
- 1 cipolla
- 1 zucchino
- 1 melanzana
- 1 pomodoro
- mezzo peperone
- mezzo spicchio di aglio
- erbe aromatiche
- sale e pepe

Preparazione: 60 minuti
Difficoltà: media
Stagione: estate

• Tritate insieme aglio, rosmarino e salvia.
• Strofinate la braciola dalle due parti con sale, pepe e con il trito aromatico, premendo bene sulla superficie.
• Sistematela in un tegame, coprite a filo d'acqua, mettete il coperchio lasciando uno spiraglio, e cuocete a fuoco basso per circa mezz'ora. Quando l'acqua è evaporata, spruzzate il vino bianco e lasciate consumare.
• Nel frattempo preparate la *ratatouille*: in una casseruola fate rinvenire la cipolla affettata in quattro cucchiaini di olio, aggiungete il pomodoro tagliato grossolanamente, la melanzana e lo zucchino affettati, il peperone a strisce, l'aglio e le erbe aromatiche.
• Regolate di sale e pepe, coprite e cuocete a fuoco basso per circa tre quarti d'ora.
• Quando tutto è pronto, disponete le verdure morbide e amalgamate intorno alla braciola.
• Si serve con un bicchiere di vino rosso giovane.

Braciola con olive

- 1 braciola di 90 g al netto dell'osso senza grasso
- 150 g di pomodorini
- olio extravergine di oliva
- 3 olive verdi e 3 nere
- mezzo spicchio d'aglio
- vino bianco
- sale e pepe

Per la marinatura:

- aceto, prezzemolo, aglio
- sale e pepe
- peperoncino
- 150 g di pomodorini

Preparazione: 30 minuti
Difficoltà: facile
Stagione: estate

• Preparate la marinata con due cucchiaiate d'aceto e gli altri ingredienti indicati, lasciate macerare la carne per un paio d'ore, poi asciugatela.
• In una padella scaldate i quattro cucchiaini d'olio e l'aglio, che va eliminato quando imbiondisce.
• Fate rosolare da ambo le parti la braciola; salate, pepate, aggiungete le olive snocciolate; coprite e lasciate cuocere a fuoco basso per una decina di minuti.
• Spruzzate di vino bianco, bagnate con un mestolo d'acqua calda e completate la cottura.
• Quando la braciola è pronta, adagiatela nel piatto su un letto di pomodorini rossi affettati, irrorando con il sugo di cottura.
• Un bicchiere di vino rosso si intona bene al sapore della portata.

Prosciutto fresco all'aceto

- 90 g di prosciutto fresco magro in una sola fetta
- olio extravergine d'oliva
- 1 cucchiaino colmo di prezzemolo tritato
- mezzo spicchio di aglio
- 1 cucchiaio d'aceto
- 250 g di finocchi
- sale e pepe

• Battete bene la fettina magra di prosciutto e strofinate da entrambe le parti con sale e pepe.
• Fate soffriggere il battuto d'aglio tritato e prezzemolo nei quattro cucchiaini d'olio, aggiungete la fettina e lasciate rosolare.
• Quando ha preso colore, bagnate con il cucchiaio d'aceto e un mestolo d'acqua calda; coprite, abbassate la fiamma e lasciate cuocere lentamente, finché la carne non diventa tenera.
• Intanto cuocete (al vapore o bollito) il finocchio tagliato a spicchi.
• Una volta che il finocchio è pronto, sistematelo sul piatto di portata accanto alla fettina di prosciutto, irrorando con il sugo di cottura.
• Si accompagna alla perfezione con Pinot Nero, ma anche un rosso giovane di buona qualità può essere ben accetto.

Preparazione: 20 minuti
Difficoltà: facile
Stagione: tutte le stagioni

Braciola alla toscana

- 1 braciola di 90 g al netto dell'osso senza grasso
- 4 cucchiaini di olio extravergine d'oliva
- semi di finocchio
- mezzo spicchio di aglio
- 250 g di cavolo nero
- sale e pepe

• Strofinate la braciola da tutte e due le parti con sale e pepe e cospargetela, premendo, con una certa quantità di semi di finocchio.
• In una padella antiaderente di adeguate dimensioni scaldate i quattro cucchiaini d'olio insieme all'aglio tritato, poi mettete a cuocere la braciola.
• Quando ha preso colore da entrambe le parti bagnate con un po' d'acqua, coprite e portate a cottura a fuoco basso.
• Intanto fate stufare con un po' d'acqua e sale il cavolo nero (che potrete sostituire con la verza).
• Terminata la cottura sistemate nello stesso piatto braciole e cavolo nero, irrorando con il sughetto di cottura.
• Un Chianti classico è d'obbligo.

Preparazione: 30 minuti
Difficoltà: facile
Stagione: inverno

Agnello

Sacrificato agli dei e mangiato dagli uomini nel banchetto sacro, ai tempi nostri l'agnello sembra aver seguito gli dei nel loro declino. In Italia viene consumato pochissimo, prevalentemente nel periodo pasquale. Ha carni bianche, tenere, digeribili, ben tollerate da chi soffre di allergie alimentari, ricche di zinco.

Sauté d'agnello con melanzane

- 90 g di polpa magra di agnello
- olio extravergine d'oliva
- 1 melanzana
- 1 pomodoro rosso
- mezzo spicchio d'aglio
- 1 cucchiaio di prezzemolo tritato
- vino bianco
- succo di limone
- 1 mestolo di brodo sgrassato
- sale e pepe

Preparazione: 50 minuti
Difficoltà: medio
Stagione: tutte le stagioni

• Scaldate due cucchiaini d'olio in una padella antiaderente, gettatevi la polpa di agnello tagliata a dadi e fatela rosolare, aggiustando di sale e di pepe.
• Coprite e lasciate cuocere a fuoco basso, rivoltando la carne di tanto in tanto; se necessario potete bagnare con un po' di brodo caldo.
• Nello frattempo pelate e tagliate a dadi la melanzana e mettetela a cuocere con due cucchiaini d'olio, la punta d'aglio, il pomodoro tagliato a pezzi (oppure 100 grammi di passato), metà del cucchiaio di prezzemolo, sale e un cucchiaio di brodo o d'acqua.
• Quando agnello e melanzane sono cotti, sistemateli insieme sul piatto di portata, in modo che l'intingolo di melanzane ricopra la carne.
• Staccate il fondo di cottura dell'agnello con un po' di vino bianco e succo di limone, irroratene la pietanza e guarnite con prezzemolo fresco tritato.
• Un bicchiere di vino rosso corposo è l'ideale.

Sauté d'agnello alla cacciatora

- 90 g di polpa di agnello
- olio extravergine d'oliva
- vino bianco
- brodo sgrassato

Per la salsa:

- 250 g di porcini freschi
- 1 cipollina bianca tritata
- 100 g di passato di pomodoro
- 1 cucchiaino di farina
- prezzemolo e dragoncello tritati

• Scaldate due cucchiaini d'olio in una padella antiaderente, aggiungete la polpa magra di agnello tagliata a dadi e fate rosolare delicatamente; salate, pepate, coprite e lasciate cuocere a fuoco basso, girando di tanto in tanto; se necessario potete bagnare con un po' di brodo caldo.
• Quando l'agnello è pronto trasferitelo in un piatto e tenetelo in caldo.
• Intanto preparate la salsa alla cacciatora: affettate sottilmente i funghi e fateli cuocere in una casseruola con la cipolla tritata appena indorata in due cucchiaini d'olio diluito con un po' di brodo. In mancanza dei porci-

ni freschi potete usare dei funghi surgelati oppure qualche porcino secco ammollato.

- Fate insaporire qualche minuto, poi aggiungete il passato di pomodoro, sale e pepe.
- Completate la cottura e sistemate i funghi sopra la carne d'agnello.
- Ritirata la casseruola dalla fiamma, unite al fondo di cottura dei funghi la farina, mescolate; rimettete al fuoco sempre mescolando e aggiungete le erbe tritate e il fondo di cottura dell'agnello (che avrete staccato con un po' di brodo e una spruzzata di vino bianco).
- Quando la salsetta è sufficientemente addensata distribuitela su funghi e carne.
- Un buon rosso corposo completa la portata.

Preparazione: 50 minuti
Difficoltà: medio
Stagione: tutte le stagioni

Bracioline d'agnello con carciofi

- 90 g di coscia d'agnello tagliata a fettine sottili
- 4 cucchiaini di olio extravergine d'oliva
- 1 spicchio di aglio
- origano o maggiorana
- 1 cipollina bianca
- vino bianco
- 100 g di passato di pomodoro
- 2 carciofi grandi
- 1 limone
- sale e pepe

- Mondate i carciofi delle foglie dure, tagliateli a spicchi molto piccoli, passateli in acqua fredda acidulata con il limone.
- Battete leggermente le fettine d'agnello con il batticarne.
- Mettete in un tegame antiaderente i quattro cucchiaini di olio e il trito d'aglio, cipolla, maggiorana (se non avete a disposizione la maggiorana potete usare l'origano).
- Appena imbiondisce, allineatevi le bracioline condite con sale e pepe; fate dorare rivoltandole spesso.
- Spuzzate il vino bianco, aggiungete il passato di pomodoro e qualche cucchiaiata d'acqua calda, continuando la cottura a fuoco dolce per dieci minuti.

Preparazione: 40 minuti
Difficoltà: media
Stagione: inverno

• Unite i carciofi e un altro pizzico di sale e completate la cottura, a calore moderato.
• Un vino rosso e giovane si sposa bene al sapore dei carciofi.

Spiedino d'agnello Vitoscha

- 90 g di polpa magra di agnello tagliata a dadi
- 1 pomodoro rosso
- 1 cipollina bianca
- un peperone verde

Per la marinata:

- succo di due limoni
- 1 spicchio di aglio
- qualche grano di pepe
- qualche bacca di ginepro
- qualche foglia di menta
- sale

Per l'insalata shopska:

- 1 cetriolo
- 2 pomodorini rossi
- 1 piccola cipolla
- un po' di peperone verde
- una punta di aglio
- prezzemolo tritato
- 4 cucchiaini di olio extravergine d'oliva
- 1 cucchiaino di aceto
- sale e pepe

Preparazione: 50 minuti
Difficoltà: media
Stagione: estate

• Preparate la marinata con tutti gli ingredienti indicati e tenetevi in ammollo per sei ore la carne.
• Al momento della cottura scolate e asciugate la carne, tagliate a pezzi il pomodoro, la cipolla e il peperone, e infilateli nello spiedino alternandoli ai dadi di agnello.
• Gli spiedini si cuociono alla griglia per 15-20 minuti.
• Intanto preparate l'insalata shopska: affettate tutti gli ingredienti, compreso l'aglio, e disponeteli sul piatto di portata, condite con i quattro cucchiaini d'olio, aceto, sale e pepe.
• Appoggiate gli spiedini sul letto di verdure e cospargete tutto di prezzemolo tritato.
• Un vino rosso giovane, possibilmente frizzante, accompagnerà nel migliore dei modi questa festa di sapori e di profumi.

Pollo

Tutti a parole rimpiangiamo il "ruspante" di antica memoria, ma quando capita di gustarlo, in fondo non ci piace più: sa troppo di pollo! Ironia della sorte. E forse, che i gusti siano cambiati, non è neanche un male, perché il pollo di allevamento, oltre al costo più basso e alle garanzie di igiene, presenta qualche vantaggio nutrizionale su quello ruspante: è più digeribile (per la giovane età e il minor contenuto di collagene), e il suo grasso (poco infiltrato nei muscoli, e localizzato soprattutto sotto la pelle e nella zona perineale), si elimina facilmente.

Petto di pollo in insalata

- 50 g di petto di pollo lesso o arrosto
- 20 g di emmenthal
- 250 g di sedano bianco
- 100 g di funghi coltivati
- succo di 2 limoni
- 4 cucchiaini di olio extravergine d'oliva
- 1 cucchiaino di senape
- sale e pepe

• Per prima cosa tagliate tutti gli ingredienti: a striscioline il petto di pollo, a julienne il sedano bianco, a fettine sottilissime i funghi coltivati (che vanno irrorati con la metà del succo di limone perché restino bianchi), a dadini l'emmenthal.

• Mescolate in una terrinetta di vetro e condite con l'olio sbattuto insieme al rimanente succo di limone, sale, pepe e senape.

• A questo piatto si adattano sia un vino bianco giovane che uno rosso.

Preparazione: 1h e 25 minuti
Difficoltà: facile
Stagione: estate

Petto di pollo à la maréchal

- 85 g di petto di pollo
- 250 g di punte di asparago
- succo di limone
- scaglie di tartufo
- olio extravergine d'oliva
- 1 mestolo di brodo
- farina, sale e pepe

• Lavate accuratamente gli asparagi ed eliminate la parte dura del gambo.

• Cuocete al vapore le parti più tenere degli asparagi; oppure riuniteli in un mazzetto e poneteli in piedi in un bollitore, aggiungendo acqua fino alla metà della lunghezza in modo da lasciare fuori le punte, salate, coprite e fate bollire finché le punte non diventano morbide.

• Intanto battete bene la scaloppina di petto di pollo e infarinatela.
• Scaldate in una padella antiaderente i quattro cucchiaini d'olio e fatevi rosolare da ambo le parti la scaloppina; salate, pepate, bagnate con succo di limone in abbondanza e qualche cucchiaiata di brodo sgrassato (vedi p. 85).
• Coprite e lasciate cuocere a fuoco basso.
• Quando la carne è pronta, cospargete di scaglie di tartufo tagliate al momento, coprite di nuovo e lasciate insaporire per qualche minuto.
• Togliete la prelibata scaloppina dalla padella, disponetela sul piatto vicino agli asparagi; staccate il fondo di cottura con un po' di brodo e versatelo sugli asparagi.
• Un vino bianco di buona qualità si intona bene al piatto.

Preparazione: 40 minuti
Difficoltà: media
Stagione: autunno-inverno

Coscia di pollo all'arrabbiata

- › 1 coscia di pollo
- › 2 grossi pomodori maturi
- › olio extravergine d'oliva
- › una spruzzata di vino bianco secco
- › peperoncino rosso in polvere
- › 1 finocchio o 1 sedano
- › sale

Preparazione: 30 minuti
Difficoltà: facile
Stagione: estate

• Scaldate quattro cucchiaini di olio in una casseruola e fate rosolare la coscia di pollo, salatela, spruzzatela con il vino bianco e ricopritela con i pomodori tagliati a pezzi.

• Aggiungete un pizzico di peperoncino, coprite e lasciate cuocere a fuoco basso finché la carne non diventa tenera.
• Per lenire il palato dal piccante si può utilizzare un finocchio crudo, ma va benissimo anche il cuore di un sedano.
• Un vino giovane, bianco o rosso, completerà la pietanza.

Spezzatini di pollo all'aceto con cardi

- › 85 g di polpa di pollo
- › 250 g di coste di cardi
- › farina
- › 1 acciuga sotto sale
- › 4 cucchiaini di olio extravergine d'oliva
- › 1 spicchio d'aglio
- › 1 cucchiaio d'aceto
- › 1 rametto di rosmarino
- › 1 limone
- › sale e pepe

Preparazione: 30 minuti
Difficoltà: media
Stagione: inverno

• Per lo spezzatino si possono utilizzare sia il petto che la coscia.
• Lavate le coste di cardo, liberatele dei fili più grossi e tagliatele a pezzi.
• Dopo una mezz'ora a bagno in acqua e limone immergete le coste in acqua bollente salata e lasciatele cuocere finché non diventano tenere. Scolatele e tenetele in caldo.
• Infarinate i pezzi di pollo, metteteli a soffriggere in una padella di giuste dimensioni con l'olio e il rametto di rosmarino, rosolate da tutte le parti, salate e pepate.
• Coprite e continuate la cottura a fuoco medio, bagnando con acqua calda se necessario.
• Nel frattempo preparate un battuto con l'acciuga (ben raschiata, lavata, asciugata e infine sfilettata), l'aglio e l'aceto.
• Quando il pollo è cotto, disponetelo con i cardi nel piatto di portata, versate nel suo fondo di cottura un battuto composto con i filetti d'acciuga, l'aglio e l'aceto, e mescolate pochi minuti al fuoco.
• Il sughetto servirà a condire cardi e pollo.
• Un buon bicchiere di Barbera non può mancare.

Coniglio

Per caratteristiche nutrizionali, il coniglio si allinea alle altre carni bianche, purché si tratti di animali giovani (si possono riconoscere dal collo corto, dai ginocchi grossi e dalle zampe anteriori flessibili). Anche se la selezione delle razze di allevamento e l'utilizzazione di specifici mangimi ne hanno ridotto il particolare gusto, una preparazione culinaria raffinata va talvolta preceduta dalle particolari manipolazioni indicate.

Coniglio della massaia

- 90 g di polpa di coniglio
- olio extravergine d'oliva
- 250 g di cipolline
- vino bianco
- 1 mestolo di brodo
- sale e pepe

Preparazione: 1h e 10 minuti
Difficoltà: facile
Stagione: tutte le stagioni

• In un tegame di adeguate dimensioni scaldate quattro cucchiaini di olio e fate rosolare e insaporire i pezzi di coniglio.
• Unite le cipolline ben pulite, spruzzate di vino bianco e bagnate poco a poco con il brodo (in mancanza di quello "vero" si può impiegare un brodo di dado),
• Aggiustate di sale e pepe, coprite e fate cuocere a fuoco basso per circa un'ora.
• Carne e cipolline si servono in un medesimo piatto di portata, accompagnando con un buon Cabernet.

Coniglio all'aglio con foglie di bietola

- 90 g di polpa di coniglio
- 250 g di foglie di bietola
- 1 mazzetto aromatico (foglie di timo, rosmarino, salvia, una di alloro)
- 1 cucchiaino di prezzemolo tritato
- 1 grosso spicchio d'aglio
- 1 cucchiaino di aceto
- 4 cucchiaini di olio extravergine d'oliva
- succo di un limone
- sale e pepe

• Tenete per un'ora i pezzi di coniglio in una marinata d'acqua e aceto.
• Asciugate la carne e saltatela a fuoco vivo in una padella antiaderente senza nessuna aggiunta, perché butti l'acqua.
• Passate i pezzi di coniglio in un tegame di giuste dimensioni e fateli rosolare nell'olio.
• Quando avranno preso colore, salate e pepate. Aggiungete il mazzetto aromatico e continuate la cottura a tegame scoperto, voltando spesso i pezzi; se necessario bagnate con acqua calda.
• Intanto lessate in poca acqua salata le foglie di bietola, scolate e tenete in caldo nel piatto di portata.
• Quando il coniglio è cotto (se è giovane e tenero basta meno di un'ora) cospargetelo d'aglio tritato, prez-

zemolo e succo di limone, disponetelo sulle bietole e irrorate con il suo sughetto.
• È adattissimo un buon rosso giovane, ma anche un bianco non dispiace.

Preparazione: 1h e 25 minuti
Difficoltà: facile
Stagione: tutte

Coniglio alla cacciatora con zucchini

› 90 g di polpa di coniglio a pezzi
› 250 g di zucchini di piccole dimensioni
› farina
› 1 cipolla piccola
› 200 g di polpa di pomodoro oppure pelati
› una spruzzata di vino bianco oppure qualche foglia di basilico
› 4 cucchiaini di olio extravergine d'oliva
› sale e pepe

• Tenete i pezzi di coniglio sotto l'acqua corrente finché non sono diventati bianchi, quindi asciugateli.
• In una casseruola di adeguate dimensioni mettete a rosolare nell'olio la cipollina tritata.
• Quando è ben dorata aggiungete la polpa di pomodoro, sale e pepe, cuocete per una decina di minuti o poco più, poi aggiungete i pezzi di coniglio leggermente infarinati.
• Lasciate insaporire, profumate con il vino o le foglie di basilico, abbassate la fiamma, coprite e fate cuocere piano piano; se è necessario bagnate con acqua o brodo di dado.
• Intanto cuocete al vapore gli zucchini, tagliateli longitudinalmente, metteteli in bell'ordine sul piatto di portata e teneteli in caldo.

Preparazione: 50 minuti
Difficoltà: difficile
Stagione: primavera-estate

• Quando il coniglio è pronto, sistematelo sugli zucchini e conditelo con il suo sughetto, che deve rimanere piuttosto liquido.
• Si accompagna con un vino rosso giovane.

Coniglio al gelo

- 90 g di polpa di coniglio disossato
- 1 cipolla
- 1 carota
- 1 spicchio d'aglio
- 1 bicchiere di vino bianco secco
- erba cipollina
- cerfoglio
- prezzemolo tritato
- sale e pepe
- 250 g di insalata di verdure miste
- 4 cucchiaini di olio extravergine d'oliva
- succo di limone

• Di semplice preparazione, "rende" come un piatto di alta cucina. Conviene farsi preparare il coniglio, disossato e ben legato, dal macellaio, senza preoccuparsi se le dosi sono superiori al necessario: conservato in frigorifero per qualche tempo, questo delizioso piatto non perde di gusto. E poi non è detto che i vostri ospiti, di fronte a questa prelibatezza, si accontentino di una porzione!
• Portate a ebollizione una pentola d'acqua (intorno ai due litri), salate poco, aggiungete la carota, la cipolla, l'aglio e il vino.
• In questo *court-bouillon* immergete il coniglio disossato (che deve essere ben arrotolato e legato) e, una volta ripresa l'ebollizione, lasciatelo cuocere a fuoco basso.
• Dopo una trentina di minuti togliete il coniglio e tagliatelo a fette, che disporrete in una pirofila; cospargete il coniglio con il trito di erbe aromatiche, sale, pepe, e coprite con il *court-bouillon* filtrato attraverso un colino.
• Coprite la pirofila con un foglio d'alluminio e passate in forno ben caldo.
• Quando il liquido raggiunge l'ebollizione, abbassate la temperatura, aggiungendo, se necessario, un po' d'acqua e lasciate cuocere per un'ora.
• Quindi togliete il recipiente dal forno, e lasciate intiepidire: sopra le fette si formerà un leggero strato di gelatina.
• Dopo qualche ora di frigorifero potrete servire il coniglio direttamente nel recipiente di cottura, accompagnando a parte con una ricca insalata mista di verdure fresche di stagione, condita con olio, sale, pepe e tanto succo di limone, oppure con la shopska salata.
• Per completare: un vino bianco giovane, o anche rosato, si intona bene.

Preparazione: 1h e 50 minuti
Difficoltà: difficile
Stagione: tutte le stagioni

Pesce e verdure

Come racconta Omero (*Odissea*, Libro XII), Ulisse e i suoi compagni, bloccati in Sicilia da venti contrari e rimasti senza cibo "dispersi per l'isola, d'augelli e pesci in traccia, con archi ed ami, o di quale altra preda lor venisse alla man, però che forte rodeali, dentro, l'importuna fame" si stancarono ben presto di questa dieta "alternativa" e sacrificarono empiamente gli armenti e le greggi del dio Sole: una scelta nefasta, che li condusse a terribile sorte nella tempesta suscitata dalla vendetta degli dei. Per fortuna oggi gli dei non si vendicano più, e noi possiamo mangiare carne di mammifero certi di non andare incontro a morte sicura. Fuori da questi scenari mitologici, anche oggi il pesce rappresenta troppo spesso solo lo spunto di pantagrueliche cene al ristorante, mentre raramente è considerato un "ospite" gradito della mensa quotidiana. L'idea spesso preconcetta di una lunga e complessa preparazione, la difficoltà a muoversi in una varietà di scelte assai ampia, la paura di incappare in un prodotto non freschissimo: insomma, i motivi (veri, o più spesso inventati) per tenere lontano il pesce dalla nostra tavola quasi non si contano. E invece un consumo sistematico del pesce si rivela una scelta importante, che consente di sfruttare appieno le caratteristiche preventive e terapeutiche di alcuni acidi grassi polinsaturi e dei loro derivati (presenti in questo alimento, mentre mancano in quasi tutte le carni degli animali terrestri), capaci di abbassare i livelli ematici di trigliceridi e in minor misura di colesterolo, di favorire la fluidità del sangue e di migliorare la funzionalità dei vasi sanguigni, agendo quindi beneficamente su tutto il sistema cardiocircolatorio. Senza dimenticare che l'apporto di proteine, di minerali (quantità non molto elevate di ferro sono ampiamente bilanciate da ricchezza di iodio, fosforo e potassio) e di vitamine sono analoghi a quelli delle carni dei mammiferi, e la digeribilità assai maggiore.

Non è dunque un caso che la dieta da noi proposta per il diabetico introduca il pesce almeno tre o quattro volte alla settimana (di preferenza alla sera, proprio in considerazione della sua digeribilità): siamo sicuri che queste ricette consolideranno l'apprezzamento per il pesce in chi già lo ama, e saranno una piacevole novità per chi finora lo ha guardato con diffidenza.

Filetti di sogliola alla mugnaia con melanzane

- 130 g di filetti di sogliola
- 1 melanzana
- farina
- 1 cucchiaino di prezzemolo tritato
- olio extravergine d'oliva
- vino bianco
- sale e pepe

• Tagliate le melanzane a fette rotonde (1 cm circa di spessore), salatele in superficie e mettele in un colino a "fare l'acqua" per una mezz'ora; asciugatele.
• In una padella antiaderente di adeguate dimensioni scaldate i cinque cucchiaini d'olio, rosolate i filetti di sogliola infarinati e cuocete (sei minuti per parte), aggiungendo sale e pepe.

• Intanto grigliate o fate dorare in forno le fette di melanzana.
• A cottura ultimata disponete la melanzana sul piatto di portata insieme ai filetti, cospargete il tutto di prezzemolo tritato e condite con il fondo di cottura delle sogliole staccato, a freddo, con una spruzzata di vino bianco.
• Si serve in tavola con vino bianco giovane, per esempio il Trebbiano.

Preparazione: 30 minuti
Difficoltà: facile
Stagione: estate

Filetti di sogliola ai funghi

- 130 g di filetti di sogliola
- farina
- 250 g di funghi coltivati e qualche fetta di porcino secco
- 5 cucchiaini di olio extravergine d'oliva
- 1 puntina di aglio
- 2 cucchiaini di prezzemolo tritato
- succo di limone
- sale e pepe

• Tagliate a fette sottili i funghi e metteteli a cuocere, per una ventina di minuti e coperti, in una casseruola con due cucchiaini d'olio, l'aglio, metà del prezzemolo, sale e pepe.
• Intanto scaldate l'olio rimanente in una padellina antiaderente e mettevi a rosolare i filetti infarinati.
• Dopo sei minuti girate i filetti, salateli e pepateli.

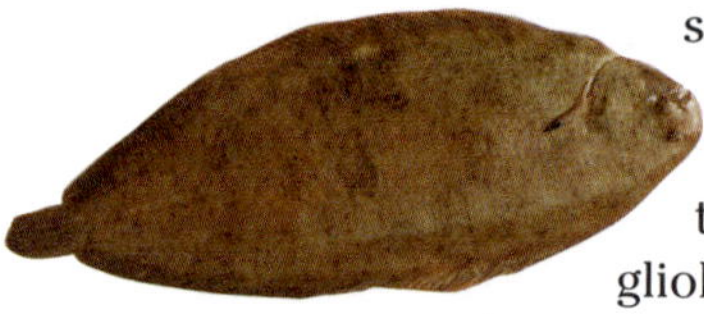

• A cottura ultimata accomodate delicatamente i filetti di sogliola sul piatto; ricopriteli con i funghi, cospargeteli di prezzemolo fresco e bagnateli con qualche goccia di limone.
• Vino ideale il Pagadebit di Romagna, ma anche un altro bianco giovane va bene.

Preparazione: 30 minuti
Difficoltà: media
Stagione: autunno

Filetti di sogliola a modo nostro

- 130 g di filetti di sogliola
- farina e pangrattato
- olio extravergine d'oliva
- 250 g di zucchini
- 100 g di passato di pomodoro
- rosmarino e basilico
- succo di limone
- sale e pepe

• Affettate gli zucchini e metteteli a cuocere, con i cinque cucchiaini d'olio, il rametto di rosmarino, sale e pepe, in una casseruola che possa andare anche in forno.
• Dopo una decina di minuti aggiungete il passato di pomodoro e portate a cottura quasi completa.
• Togliete gli zucchini e sistemateli temporaneamente in una terrina.
• Nel fondo di cottura degli zucchini stufate i filetti di sogliola infarinati, girateli e regolate di sale e di pepe.

• Quindi ricoprite i filetti con gli zucchini, spolverizzate con pangrattato e ponete la casseruola in forno caldo, finché la superficie non apparirà dorata.
• Cospargete con basilico tritato, spruzzate con succo di limone e servite ben caldo.
• Un bicchiere di frizzante Turà accompagnerà al meglio la portata.

Preparazione: 40 minuti
Difficoltà: media
Stagione: estate

Acciughe al pomodoro

› 125 g di acciughe al netto di teste e lische
› olio extravergine d'oliva
› una punta d'aglio tritata
› maggiorana e timo
› 3 pomodorini rossi
› 250 g di finocchio crudo
› succo di limone
› sale e pepe

• Pulite le acciughe (togliendo la testa, aprendole in due metà ed eliminando la lisca centrale), lavatele bene, asciugatele e disponete i filetti allineati in una pyrex da forno, unta sul fondo con tre cucchiaini d'olio.
• Cospargete quindi d'aglio, maggiorana e timo, sale, pepe e con la polpa dei pomodorini tagliati a pezzi e 2 cucchiaini di olio.
• Passate in forno a calore moderato per una quindicina di minuti.
• Servite insieme alle rondelle di finocchio condite con olio e limone.
• Un bicchiere di vino Bianco di Breganze o di Albana di Romagna è l'ideale.

Preparazione: 25 minuti
Difficoltà: facile
Stagione: estate

Sarde con carciofi in tortino

› 125 g di sarde al netto di teste e lische
› 250 g di carciofi
› 1 cucchiaio di prezzemolo tritato
› 1 cucchiaio di pangrattato
› olio extravergine d'oliva
› succo di limone
› sale e pepe

• Togliete ai carciofi le foglie dure e tagliateli longitudinalmente a fettine sottilissime.
• Ungete con due cucchiaini d'olio il fondo di una pirofila e allineatevi metà delle fette di carciofo, salate, coprite con uno strato di sarde sfilettate e private della testa, cospargete di prezzemolo tritato e pepe e irrorate con tre cucchiaini d'olio e qualche

goccia di limone; coprite infine con un ultimo strato di carciofi e cospargete di pangrattato.

- Cuocete il tortino in forno a calore moderato per 40 minuti.
- Quindi spruzzate la crosticina con succo di limone e servite caldo.
- Accompagnate con un bicchiere di Orvieto secco.

Preparazione: 50 minuti
Difficoltà: media
Stagione: inverno

Coda di rospo al forno

- › 130 g di coda di rospo al netto degli scarti
- › 1 zucchino
- › 1 piccola melanzana
- › 1 peperone rosso
- › 1 cipolla
- › 1 spicchio d'aglio
- › 1 rametto di rosmarino
- › 1 foglia di alloro
- › 1 scalogno
- › cerfoglio o prezzemolo
- › olio extravergine d'oliva
- › vino bianco
- › sale e pepe

• Tagliate a cubetti lo zucchino, la melanzana e il piccolo peperone.
• In una teglia da forno, in cui avrete versato cinque cucchiaini di olio, fate rosolare la cipolla tritata, poi le altre verdure, e insaporite con aglio tritato, sale e pepe.
• Adagiate quindi il pesce sulle verdure, salate e pepate, aggiungete le erbe aromatiche, spruzzate con vino bianco e un po' d'acqua e cuocete in forno per mezz'ora a 220 °C.

• Intanto scottate in poca acqua e vino bianco lo scalogno e tritatelo finemente.
• Quando il pesce è cotto cospargetelo con lo scalogno tritato e servite.
• Per un piatto così di pregio è d'obbligo un Sauvignon altoatesino.

Preparazione: 40 minuti
Difficoltà: media
Stagione: estate

Filetti di trota al finocchio

- › 130 g di filetti di trota
- › 250 g di finocchio
- › 2 pomodori maturi oppure 4 pelati
- › 1 scalogno
- › 5 cucchiaini di olio extravergine d'oliva
- › sale e pepe
- › qualche rametto di finocchio in foglia

• Pulite il finocchio e scottatelo per cinque minuti in un litro d'acqua bollente salata.
• Tenete da parte tutta l'acqua di cottura e tagliate il finocchio a strisce nel senso della lunghezza.
• Sminuzzate i pomodori e metteteli a rosolare in due cucchiaini d'olio; sistematevi sopra le strisce di finocchio, salate e pepate, aggiungete qualche cucchiaiata d'acqua di cottura.
• Coprite e lasciate cuocere a fuoco moderato per una trentina di minuti.
• Tritate lo scalogno, ponetelo a bollire in circa un decilitro della solita acqua di cottura del finocchio e fate restringere.
• Intanto in una padella antiaderente, unta con i tre cucchiaini di olio restanti, fate rosolare il filetto di trota da ambo le parti, aggiustate di sale e di pepe, coprite con il rimanente liquido di cottura dei finocchi e fate sobbollire e consumare fino a cottura completa.

• In ultimo aggiungete lo scalogno.
• Per servire, sistemate i finocchi nel piatto di portata, poggiatevi sopra la trota, irrorate con il sugo di cottura e decorate con qualche rametto di finocchio in foglia.
• Un bicchiere di bianco trevigiano darà il tocco finale alla portata.

Preparazione: 45 minuti
Difficoltà: media
Stagione: tutte le stagioni

Trancio di pesce con spinaci

- 130 g di pesce in trancio
- 1 carota
- 1 cipolla
- 200 g di spinaci
- timo, alloro, prezzemolo
- olio extravergine d'oliva
- vino bianco
- sale e pepe

• I pesci di grosse dimensioni (tonno, pesce spada, cagnolo) vivono più a lungo degli altri, presentano quindi maggiori rischi di accumulo di agenti ambientali inquinanti, come il mercurio.
Se il loro consumo è saltuario non si corrono rischi, ma è comunque buona norma acquistare i tranci (surgelati o anche freschi) in una pescheria collegata al mercato ittico: in questo caso i controlli del veterinario sono obbligatori, e la sicurezza è massima. Questa ri-

cetta valorizza qualunque tipo di pesce in trancio.
• Affettate sottilmente la cipolla e la carota e mettetele a rosolare con i cinque cucchiaini d'olio in una casseruola di adeguate dimensioni.
• Aggiungete le erbe odorose, il trancio di pesce, salate, pepate e spruzzate di vino bianco, quindi coprite e lasciate stufare a fuoco basso fino a completa cottura, girando di tanto in tanto.
• Contemporaneamente cuocete in pentola gli spinaci (ben lavati) nella sola acqua residua del lavaggio, scolateli e sistemateli sul piatto di portata.
• Togliete il trancio dalla casseruola e adagiatelo sul letto di spinaci.
• Raccogliete le verdure e il fondo di cottura e frullatelo: con la salsa condite pesce e spinaci.
• Servite con un bicchiere di vino bianco giovane, secco e un po' frizzante.

Preparazione: 30 minuti
Difficoltà: facile
Stagione: primavera

Calamaretti in zimino

- 150 g di calamaretti al netto degli scarti
- 5 cucchiaini di olio extravergine d'oliva
- 250 g di foglie di bietola
- vino bianco
- 1 cucchiaio di polpa di pomodoro
- peperoncino
- una punta di aglio
- 1 cucchiaino di prezzemolo tritato
- sale

• Lo zimino è una salsa a base di erbaggi, che nella nostra cucina tradizionale si accompagna al pesce.
• Pulite i calamaretti, tagliate ad anelli il sacco e a pezzetti i tentacoli.
• Scottate le bietole in acqua bollente salata (10 minuti), scolatele, strizzatele bene e tritatele.
• In una casseruola scaldate i cinque cucchiaini di olio con l'aglio e il peperoncino; aggiungete i calamaretti e salate.
• Appena i calamaretti sono leggermente dorati aggiungete le bietole e spruzzate con vino bianco.
• Fate insaporire per qualche minuto, poi cosparge-

Preparazione: 60 minuti
Difficoltà: facile
Stagione: estate

te di polpa di pomodoro e di prezzemolo, coprite a filo con acqua e continuate la cottura a fuoco basso per mezz'ora circa.
• Si serve con un buon bicchiere di Pinot altoatesino.

Gamberetti nel nido

- 150 g di gamberetti sgusciati
- 2 cipolle
- 1 spicchio d'aglio
- peperoncino in polvere
- un rametto di rosmarino
- olio extravergine d'oliva
- sale e pepe

Preparazione: 30 minuti
Difficoltà: facile
Stagione: tutte le stagioni

• Se si acquistano le cipolle già cotte al forno la realizzazione di questo piatto diventa rapidissima.
• Lavate i gamberetti sgusciati e lasciateli a scolare.
• In una padella antiaderente scaldate i cinque cucchiaini d'olio, l'aglio, il peperoncino e il rosmarino.
• Rosolate i gamberetti, salate, pepate e lasciate finire di cuocere a fuoco vivace, finché il loro sughetto non diventa limpido.
• Sbucciate e tagliate a metà le cipolle già cotte, e dopo averle messe a riscaldare per qualche minuto in forno togliete loro un po' della parte centrale, creando un incavo dove distribuirete, con l'aiuto di un cucchiaino, i gamberetti con il loro sugo rosato.
• Un bicchiere di Trebbiano si accompagna benissimo a questo piatto.

Cozze impepate

- 200 g di cozze al netto delle valve (1 kg lordo)
- 1 cucchiaino di prezzemolo tritato
- 1 cetriolo
- 3 pomodorini rossi
- 1 cipolla
- basilico
- olio extravergine d'oliva
- succo di limone
- sale e pepe

Preparazione: 20 minuti
Difficoltà: facile
Stagione: estate

• Raschiate, lavate e rilavate le cozze.
• Mettete le cozze al fuoco in un grande tegame, pepate abbondantemente e coprite.
• Scuotete di tanto in tanto il tegame, aggiungendo il prezzemolo tritato solo a cottura quasi ultimata.
• Togliete le cozze aperte e sistematele in una terrinetta. Filtrate il brodo attraverso una carta porosa e aggiungetelo alle cozze.
• Accompagnate con una ricca insalata di cetrioli, pomodori, cipolla affettati e tante cimette di basilico, condita con i cinque cucchiaini di olio emulsionati a succo di limone e sale.
• Un bicchiere di bianco di Melfi è il massimo.

Minestre e zuppe

La vecchia abitudine della minestrina serale, detestata dai giovani e molto apprezzata dai meno giovani, è senz'altro appropriata al diabetico: con poche calorie spegne il primo impulso di fame, scalda lo stomaco e ristora tutto il corpo, mettendo nelle condizioni di assaporare con più calma e gusto la portata successiva. L'unico svantaggio della minestrina è che sempre di minestrina si tratta: qualche nuova ricetta romperà la monotonia.

Protagonista: il brodo

Dice il grande gastronomo Artusi: «Lo sa il popolo e il comune che per ottenere il brodo buono bisogna mettere la carne ad acqua diaccia e far bollire la pentola adagino adagino e che non trabocchi mai».
Alle canoniche istruzioni del padre della cucina all'italiana, aggiungiamo qualche suggerimento sulle qualità degli ingredienti e sulla preparazione.
Per 5 l di buon brodo occorrono 250-300 g di carne di manzo o vitellone, preferibilmente petto, e altrettanti di pollo o cappone, petto o coscia, a seconda delle preferenze personali.
Molto importanti per l'aroma sono le verdure che devono cuocere nell'acqua salata con la carne: 1 cipolla piccata con un chiodo di garofano, 3 carotine novelle, 2 costole di sedano; il dotto Carnacina aggiunge anche 1 porro, 1 spicchio di aglio, 1 mazzetto odoroso composto da prezzemolo, timo e lauro e 3 grani di pepe.
Durante la prolungata sobbollitura (almeno 3 ore a 80-90 °C) bisogna schiumare ripetutamente il brodo per mantenerlo chiaro e, a preparazione ultimata, lasciarlo raffreddare per far rapprendere in superficie lo strato di grasso, che potrà così essere facilmente eliminato con un colino a maglie sottili, una garza o un panno fine. Per una sgrassatura efficace questa operazione dovrà essere ripetuta più volte.
Per quanto riguarda l'aspetto nutrizionale del brodo così preparato e trattato, esso appare piuttosto limitato: i principi nutritivi sono infatti presenti in misura scar-

sissima, praticamente non apprezzabile. Anche se privo di calorie, il brodo esercita un'importante azione di stimolo sul sistema nervoso, inducendo uno stato di maggior percezione sensoriale, una maggiore secrezione gastrica ed epatica e l'intensificazione della peristalsi: è quindi indicato per chi vuole sentirsi in forza e per chi ha difficoltà digestive, meno per chi soffre di stomaco e per tutti coloro che sono affetti da ulcera gastroduodenale.
E della carne che generosamente ci ha concesso la sua essenza, che vogliamo fare? Anche se alla fine risulterà certamente "sfruttata", essa può trovare una dignitosa valorizzazione nelle ricette sul lesso del capitolo Pietanze di carne e verdure, nelle insalate del capitolo Piatti unici, oppure nelle rielaborazioni personali che queste stesse ricette sapranno stimolare.

Brodo con julienne di verdure

- 250 g di brodo di carne sgrassato
- 1 carota piccola
- 1 pezzo di sedano rapa
- 1 cuore di lattuga
- 1 porro piccolo
- 1 patatina novella piccola
- sale
- 1 cucchiaino di parmigiano grattugiato

• Tagliate tutte le verdure a julienne servendovi dell'apposito strumento.
• Fate cuocere le verdure a fuoco basso nella metà del

brodo per una ventina di minuti e fate attenzione a salare moderatamente.
• Aggiunge infine, ben caldo, il brodo rimasto.
• Servite in tazza, insieme al parmigiano.

Preparazione: 30 minuti
Difficoltà: facile
Stagione: tutte le stagioni

Minestra aromatica

• Si prepara con "niente", ma il profumo è nuovo e davvero invitante.
• Tagliate finissime la patata e la cipolla e mettetele a stufare in una pentolina con la noce di burro e un po' di brodo.
• Quando la cipolla è diventata trasparente e la patata si è ammorbidita, cospargete di origano, aggiustate di sale e di pepe e lasciate insaporire per qualche minuto.
• Versate quindi il brodo bollente e continuate la cottura, che dovrà durare per circa mezz'ora con la fiamma tenuta rigorosamente bassa.
• Prima di togliere dal fuoco unite mezzo cucchiaino di basilico e mezzo di prezzemolo tritati.

- 250 g di brodo di carne sgrassato
- 50 g di patate novelle
- 1 cucchiaino di burro
- 1 piccola cipolla
- origano
- basilico e prezzemolo tritati
- sale e pepe

Preparazione: 30 minuti
Difficoltà: facile
Stagione: tutte le stagioni

Riso in brodo allo zafferano

• Fate un soffritto con la cipolla, il cucchiaino di burro e un po' di brodo.
• Aggiungete il riso e versate il brodo bollente preparato a parte.
• Quindi cuocete il tutto per circa un quarto d'ora.
• A cottura quasi ultimata aggiungete una puntina di zafferano, quanto basta per dare un bel colore dorato all pietanza.

- 250 g di brodo di carne sgrassato
- 20 g di riso
- 1 cucchiaino di burro
- un po' di cipolla tritata
- zafferano

Preparazione: 25 minuti
Difficoltà: facile
Stagione: estate

Riso in brodo con zucchetti

- 250 g di brodo di carne sgrassato
- 1 piccolo zucchino
- 20 g di riso
- 1 cucchiaino di olio extravergine d'oliva
- prezzemolo tritato
- un po' di cipolla tritata
- sale e pepe

Preparazione: 25 minuti
Difficoltà: facile
Stagione: estate

• Fate soffriggere la cipolla tritata nell'olio con un po' di brodo.
• Aggiungete lo zucchino tagliato a piccolissimi dadi.
• Aggiustate di sale e di pepe e lasciate stufare e insaporire.
• Bagnate con il brodo bollente, aggiungete il riso e fate cuocere per circa un quarto d'ora.
• Prima di servire cospargete con un cucchiaino di prezzemolo tritato.

Riso in brodo con fondi di carciofo

- 250 g di brodo di carne
- 2 fondi di carciofo
- 20 g di riso per minestre
- olio extravergine d'oliva
- un po' di cipolla tritata
- sale e pepe

• È la migliore dimostrazione che basta un particolare per trasformare la "solita minestra" in un piatto nuovo e gustoso.
• Fate soffriggere in un cucchiaino di olio e in un cucchiaio di brodo la cipolla tritata.

• Aggiungete i fondi di carciofo ripuliti di tutte le parti amare e tagliati a fettine sottilissime.
• Salate, pepate e lasciate stufare e insaporire per qualche minuto a fuoco molto moderato.
• Versate sui carciofi il brodo bollente, quindi aggiungete il riso e lasciate cuocere per circa un quarto d'ora, mescolando di tanto in tanto.

Preparazione: 25 minuti
Difficoltà: facile
Stagione: primavera-estate

Verdure, salute e tradizione

Nate per riempire lo stomaco con poca spesa e molto volume, le minestre di verdura e le zuppe sono state nobilitate dalla gastronomia (che ha saputo trasformarle in piatti di rara raffinatezza) e dalla moderna dietologia (che ne ha messo in luce la salubrità e l'effetto rinfrescante e diuretico, dovuto ai principi attivi contenuti negli ortaggi).

La cottura riduce le vitamine presenti nel prodotto fresco, ma conserva tutti i sali minerali e la fibra, sia solubile che cellulosica, che anzi risulta ammorbidita dalla bollitura e perciò meno irritante. Le ricette presentate fanno parte della nostra cultura: infatti sono quasi tutte tratte dalla gastronomia regionale italiana, tranne che per qualche puntatina in Spagna e Francia.

Minestra di funghi

- 300 g di champignon
- 1,5 l circa di brodo di carne sgrassato
- 2 cucchiaini di olio extravergine d'oliva
- 1 uovo
- 1 cucchiaio da tavola di parmigiano grattugiato
- sale e pepe
- 4 fette di pane casereccio di circa 20 g ciascuna

• Questa minestra bisogna mangiarla in compagnia, non solo per generosità (sarebbe un peccato escludere le persone care da questa pietanza deliziosa), ma anche per motivi strettamente dietologici: fra i suoi ingredienti c'è infatti anche un uovo, e un conto è consumare 250 mg di colesterolo da soli e tutti già nella prima portata, altro è suddividerlo tra quattro persone.
• Fate cuocere a fuoco vivo e a pentola coperta i funghi affettati, salati e pepati, con i due cucchiaini d'olio e un po' di brodo.
• A metà cottura, dopo circa un quarto d'ora, bagnate i funghi con il restante brodo bollente e lasciateli

cucinare piano piano per un altro quarto d'ora.
• All'ultimo legate la minestra con l'uovo, sbattuto insieme al formaggio grattugiato.
• Sistemate una fettina di pane tostato in ogni scodella e ricoprite di fragrante minestra.
• Alla loro stagione si possono impiegare porcini freschi, oppure, e allora si entra nel giardino del sublime, i dorati ovoli.

Preparazione: 30 minuti
Difficoltà: facile
Stagione: autunno-inverno

Gazpacho semplice

- 350 g di pomodori maturi
- 1 cetriolo
- 1 cipollina novella
- basilico e prezzemolo
- succo di limone
- olio extravergine d'oliva
- sale e pepe

• Sbucciate i pomodori, liberateli dai semi e frullateli finché non hanno raggiunto una consistenza omogenea.
• Affettate finemente il cetriolo sbucciato, salatelo e sistematelo in un piattino inclinato (in modo che rilasci tutta l'acqua).
• Mettete il cetriolo nel passato di pomodoro, aggiungete la cipollina tritata, il cucchiaino di basilico e prezzemolo tritati insieme, sale e pepe, e un cucchiaino di olio emulsionato con il succo di limone.
• Amalgamate bene tutto e lasciate raffreddare in frigorifero fino al momento di servire.

Preparazione: 15 minuti
Difficoltà: facile
Stagione: estate

Pappa al pomodoro

- 20 g di pane
- 100 g di polpa di pomodoro
- 1 punta d'aglio
- basilico
- 1 gambo di sedano
- 200 g di brodo di carne sgrassato
- sale e pepe
- parmigiano grattugiato

• Tagliate il pane a dadini e unitelo alla polpa di pomodoro.
• Profumate poi con qualche foglia di basilico, l'aglio, il sedano finemente tritato, sale e pepe.
• Aggiungete il brodo e lasciate cuocere per mezz'ora, mescolando spesso.
• Il piatto va servito con un cucchiaino di parmigiano grattugiato.

Preparazione: 40 minuti
Difficoltà: media
Stagione: estate

Zuppa di zucca

- Tagliate la zucca in piccoli dadi, tritate la cipolla e mettetele a soffriggere con l'olio e un po' di brodo.
- Profumate con le erbe e la salvia, salate e pepate.
- Aggiungete il brodo bollente e lasciate cuocere a tegame scoperto per una trentina di minuti, finché la zucca diventa morbidissima.

- Togliete le erbe aromatiche e passate la zuppa nel frullatore.
- Prima di versarla sulla fetta di pane tostato già sistemata nella scodella aromatizzate con una punta di cannella in polvere, oppure di noce moscata.

› 250 g di brodo di carne sgrassato
› 250 g di polpa di zucca
› 1 cipollina
› 1 cucchiaino di olio extravergine d'oliva
› un mazzetto di erbe (prezzemolo, basilico, maggiorana) e salvia
› una puntina di cannella in polvere (o noce moscata
› sale e pepe
› 1 fetta (20 g) di pane non condito tostato

Preparazione: 40 minuti
Difficoltà: media
Stagione: autunno-inverno

Zuppa di fagiolini alla napoletana

- È un piatto regionale poco conosciuto, che merita maggiore diffusione perché è di semplice preparazione, salutare e anche molto saporito.
- Con l'aglio, il cucchiaino d'olio e i pelati schiacciati confezionate una salsa.
- Togliete l'aglio, quindi salate, pepate e aggiungete il brodo bollente e i fagiolini spezzettati.
- Dopo aver coperto lasciate sobbollire per una ven-

› 250 g di brodo di carne
› 100 g di fagiolini
› olio extravergine d'oliva
› 1 spicchio di aglio
› 100 g di pomodori pelati
› basilico tritato
› sale e pepe
› 20 g di pane tostato

Preparazione: 40 minuti
Difficoltà: facile
Stagione: estate

tina di minuti, fino a cottura ultimata.
• Profumate con un cucchiaino di basilico tritato e versate la zuppa sopra la fetta di pane tostato, già sistemata nella scodella.

Minestra "bonne femme"

- 250 g di brodo di carne
- 1 cucchiaino di burro
- 1 porro
- 50 g di patate novelle
- prezzemolo tritato
- panna vegetale
- sale e pepe

Preparazione: 30 minuti
Difficoltà: facile
Stagione: autunno-inverno

• Stufate in una casseruola le fettine di porro con il burro e un po' di brodo.
• Quando saranno stracotte, bagnatele con il restante brodo sgrassato e portatele a bollitura.
• Aggiungete quindi le patatine novelle che devono essere tagliate finissime; condite con sale e pepe e seguitate la cottura a calore moderato.
• Al momento di servire, fuori dal fuoco, incorporate il cucchiaino di panna vegetale e cospargete con un cucchiaino di prezzemolo tritato.

Zuppa di cavolo nero

- mezzo cavolo nero
- cipolla, carota, aglio, sedano tritati e un pizzico di timo
- 1 cucchiaio di polpa di pomodoro
- 250 g di brodo di carne
- 1 cucchiaino di olio extravergine d'oliva
- sale e pepe
- 1 fetta di 20 g di pane non condito tostato

Preparazione: 45 minuti
Difficoltà: facile
Stagione: autunno-inverno

• Soffriggete leggermente nel cucchiaino d'olio e un po' di brodo il trito di cipolla, carota, sedano e aglio, e profumate con il timo.
• Tagliate a strisce le foglie di cavolo nero e mettetelo a stufare per qualche minuto nel soffritto; regolate di sale e di pepe.
• Aggiungete poi il brodo caldo e la cucchiaiata di polpa di pomodoro.

• La cottura deve continuare a tegame coperto e fuoco basso per almeno mezz'ora.
• Disponete nella scodella la fetta di pane tostato, se piace strofinato d'aglio, e versatevi sopra la zuppa.

Piatti unici

I piatti unici, riuniscono in un'unica portata pietanza e verdura, o minestra e verdura, e qualche volta tutte e tre le componenti del pasto. Molteplici i vantaggi:

☞ rapidità e praticità di realizzazione;

☞ impiego di ingredienti più "sfiziosi", come uova, formaggio, prosciutto cotto e crudo, salame, pancetta, tonno; poco utilizzati in un pranzo tradizionale per l'esiguo quantitativo in cui potrebbero comparire, in questi piatti acquistano volume con altre componenti, assumendo il ruolo di protagonisti;

☞ piacevole sensazione di un'abbondanza di condimento, dovuta a una loro "concentrazione" in un'unica portata;

☞ possibilità di consumare con una certa liberalità i legumi, importanti nell'alimentazione del diabetico.

Le insalate

Esse uniscono pietanza e verdura: per completare il pasto una fetta di pane magro sostituirà la minestra (a pranzo potremo consumarne una da 80 g, a cena sarà sufficiente una più piccola, del peso di 60 g).

Insalata alla romana

- 50 g di lollo rossa
- 1 pomodoro maturo
- 50 g di champignon
- 1 cipollina bianca
- 50 g di cuori di spinaci freschissimi
- 50 g di indivia belga
- 150 g di gamberetti lessati o in vasetto oppure 60 g circa di tonno sottolio, ben sgocciolato →

• L'insalata lollo rossa, dalle foglie allargate e i bordi increspati violacei, crea un brioso contrasto col verde intenso dei cuori di spinaci crudi. Anche i sapori si compensano armoniosamente: amarognolo quello della lollo e dell'indivia, dolciastro quello degli spinaci, con i gamberetti a fare da ideale trait d'union. Ma se invece dei gamberetti userete il tonno, i romani non se ne avranno certo a male!

• Tagliate il pomodoro a tocchetti, la cipolla e gli champignon a fettine sottili.

• Mondate, lavate bene e fate sgocciolare i cuori di spinaci, la lollo rossa e l'indivia, e riduceteli in pezzi non troppo grandi.

Per il condimento:
- olio extravergine d'oliva
- succo di due limoni
- sale e pepe
- un ciuffetto di erba cipollina tritata
- un ciuffetto di prezzemolo tritato

Preparazione: 10 minuti
Difficoltà: facile
Stagione: estate

• Raccogliete i diversi ingredienti, compresi i gamberetti lessati, in un'insalatiera, mescolando delicatamente.
• Emulsionate sei cucchiaini di olio con il succo di limone, il sale e il pepe, l'erba cipollina e il prezzemolo tritati, e condite l'insalata.
• Un bicchiere di vino bianco giovane concluderà la portata.

Insalata Windsor

- 50 g di petto di pollo lesso
- 50 g di gamberetti
- 1 arancia e 1 porro
- 50 g di teste di champignon
- 1 pomodoro

Per il condimento:
- 100 g di yogurt magro
- succo di un'arancia
- 1 cucchiaino di aceto
- una punta di ketchup
- sale e pepe

Preparazione: 10 minuti
Difficoltà: facile
Stagione: autunno

• Affettate a rondelle il porro pulito e lavato, scottatelo rapidamente in acqua bollente salata, scolatelo e lasciatelo raffreddare.
• Lavate i gamberetti sotto l'acqua corrente e fateli sgocciolare.
• Tagliate a dadini il petto di pollo lesso, a fettine sottilissime gli champignon, a cubetti il pomodoro; sbucciate l'arancia, liberate gli spicchi e nettateli delle pellicine esterne.
• Raccogliete tutti gli ingredienti in una coppa trasparente e mescolate delicatamente.
• Il condimento si prepara mescolando allo yogurt il succo d'arancia, l'aceto, il ketchup, sale e pepe; quindi amalgamatelo all'insalata.
• Servite accompagnata con una coppa di bianco frizzante, la cui scelta dipenderà dalla particolarità dell'occasione.

Insalata nizzarda

- 1 cuore di lattuga
- 1 cuore di insalata romana
- 1/4 di peperone rosso
- 1/4 di peperone verde
- 1 pomodoro rosso

• Lavate, scolate bene e spezzate in piccoli pezzi la lattuga e l'insalata romana.
• Tagliate a listerelle i peperoni e in quattro spicchi il pomodoro.
• Lavate e mondate i ravanelli.

• Lavorate con il succo di limone i filetti d'acciuga, che vanno pestati fino a ottenere una pasta morbida.
• Intanto fate rassodare l'uovo immergendolo in acqua fredda e lasciatelo cuocere per otto minuti da quando l'acqua inizia a bollire. Raffreddatelo poi sotto l'acqua corrente, sbucciatelo e tagliatelo in quattro spicchi.
• Disponete in un'insalatiera tutti gli ingredienti, compresi la pasta d'acciughe e le olive nere; condite con una salsina ottenuta emulsionando cinque cucchiaini di olio, aceto, sale, pepe ed erbe aromatiche.

- qualche ravanello
- qualche oliva nera
- 2 filetti di acciuga sottolio ben sgocciolati
- il succo di un limone
- 1 uovo sodo

Per il condimento:

- olio extravergine d'oliva
- 1 cucchiaio d'aceto
- sale e pepe
- prezzemolo, origano, maggiorana tritati

Preparazione: 15 minuti
Difficoltà: facile
Stagione: estate

Insalata Montecarlo

• Lavate il cuore dell'insalata e, dopo averla sgocciolata, dividetela in piccoli pezzi.
• Pulite champignon e ravanelli e affettateli sottilmente.
• Tagliate a cubetti il pomodoro.
• Sistemate gli ingredienti in un'insalatiera cospargendoli di arachidi tritate. Se invece siete amanti dei sapori piccanti, in alternativa al formaggio Jocca potete usare il Bel Paese o il gorgonzola a dadini, sicuramente più saporiti.
• Preparate il condimento, cinque cucchiaini di olio con il succo di limone, mezzo cucchiaino di polpa di cren, il basilico e l'origano, sale e pepe e condite, mescolando delicatamente.
• Una permanenza di mezz'ora in frigorifero giova all'amalgama dei sapori. Qui ci vuole un vino bianco leggermente frizzante.

- insalata romana
- 50 g di champignon
- 1 mazzetto di ravanelli
- 1 pomodoro maturo
- 120 g di fiocchi di latte
- qualche arachide tritata

Per il condimento:

- olio extravergine d'oliva
- succo di due limoni
- polpa di cren in vasetto
- basilico e origano
- sale e pepe

Preparazione: 10 minuti
Difficoltà: facile
Stagione: estate-autunno

Il gratin

Recita il Carnacina nel suo dizionarietto gastronomico: «Gratinare: dorare la superficie di una vivanda con

l'azione del calore. Solitamente si esegue su vivande condite o non con salse, cosparse di formaggio grattugiato e di burro fuso; se ne ottiene una superficie colorata e croccante». Maestri di quest'arte sono i francesi, ma ci proveremo anche noi!

Pasta alla pizzaiola

- 70 g di pasta corta
- 4 cucchiaini di olio extravergine d'oliva
- 1 spicchio di aglio
- peperoncino
- 300 g di pomodori
- 1 cucchiaino di origano
- 35 g di mozzarella
- 1 cucchiaio di parmigiano grattugiato
- sale

Preparazione: 40 minuti
Difficoltà: media
Stagione: tutte le stagioni

• In una capace pentola cuocete in abbondante acqua salata la pasta che dovrete scolare al dente.
• Intanto preparate il sughetto: in tre cucchiaini d'olio fate dorare lo spicchio d'aglio tritato insieme al peperoncino; quindi aggiungete i pelati, salate e lasciate cuocere per una decina di minuti, finché i pomodori non si sono disfatti; infine cospargete di abbondante origano, mescolando bene.
• Ungete con il restante cucchiaino d'olio il fondo di una teglia da forno, adagiatevi in bell'ordine metà della pasta, conditela con metà del sugo di pomodoro e qualche fettina di mozzarella, poi disponete il secondo strato di pasta con il restante sughetto, ancora qualche fettina di mozzarella e terminate con il cucchiaino di parmigiano.
• Infornate a 180 °C per circa un quarto d'ora. Quando la superficie acquista un bel colore dorato, il piatto è pronto.
• Si accompagna sia con vino bianco che rosso, purché giovane.
• Non dimenticate di completare il pranzo con un bel piatto di insalata mista, condita con olio e limone.

Sformato di spinaci

- 250 g di spinaci
- 200 g di patate
- olio extravergine d'oliva
- 1 cipollina tritata
- noce moscata
- 20 g di prosciutto cotto
- emmenthal grattugiato
- sale e pepe

• Fate lessare le patate in acqua salata; dopo averle scolate, pelatele e affettatele sottilmente.
• Dopo averli ben lavati, fate appassire gli spinaci in pentola, senza aggiungere acqua ma solo una puntina di sale; scolateli, strizzateli bene e tritateli.
• Fate appassire la cipolla tritata in tre cucchiaini di olio, tagliate a striscioline il prosciutto cotto e grattugiate due cucchiaini di emmenthal.

• Preparati tutti gli ingredienti, imburrate il fondo di una teglia da forno, disponetevi uno strato di patate e conditelo con un cucchiaino d'olio insaporito con la cipolla; proseguite con uno strato di spinaci, che condirete a sua volta con il sughetto, sale, pepe e noce moscata; poi ancora uno strato di patate, continuando fino ad esaurimento degli ingredienti.
• Sull'ultimo strato distribuite le striscioline di prosciutto e il formaggio grattugiato; quindi gratinate in forno (a 200 °C) per un quarto d'ora circa.
• Si serve con un bicchiere di vino bianco frizzante.

Preparazione: 40 minuti
Difficoltà: media
Stagione: primavera

Gratin di zucchini e peperoni

› 2 zucchini e 1 peperone
› 2 pomodori maturi
› olio extravergine d'oliva
› 1 spicchio d'aglio
› sale →

• Sbollentate in acqua salata gli zucchini, scolateli e tagliateli per il lungo.
• Scaldate sei cucchiaini di olio in una padella antiaderente, fate dorare l'aglio (che poi dovrete togliere),

- 1 cucchiaio di basilico
- 25 g di formaggio stagionato
- 1 filetto d'acciuga
- pane non condito

Preparazione: 50 minuti
Difficoltà: media
Stagione: estate

aggiungete il peperone tagliato a listerelle e i pomodori a pezzi, il basilico, il sale e lasciate cuocere per una ventina di minuti a fuoco medio.
• In ultimo aggiungete gli zucchini, il tempo che si insaporiscano.
• Trasferite il tutto in una teglia da forno, ricoprite la superficie degli zucchini con il formaggio tagliato a fettine e completate con il filetto d'acciuga spezzettato.
• Infornate a 220 °C per un quarto d'ora.
• Servite accompagnando con una fetta di pane.

Fagiolini al prosciutto

- 250 g di fagiolini
- 60 g di prosciutto crudo
- 1 spicchio di aglio tritato
- 1 cucchiaino d'origano
- 3 cucchiaini di olio extravergine d'oliva
- sale e pepe
- pane non condito (80 g a pranzo, 60 g a cena)

Preparazione: 40 minuti
Difficoltà: media
Stagione: estate

• Lessate i fagiolini ben nettati in abbondante acqua salata, quindi scolateli al dente.
• In una padella antiaderente scaldate con tre cucchiaini di olio lo spicchio d'aglio tritato; aggiungete i fagiolini e fateli insaporire, spolverizzando d'origano e aggiustando di sale e di pepe.
• Togliete i fagiolini e componete tanti mazzetti, ciascuno dei quali va avvolto in una fetta di prosciutto, e disponeteli in una teglia da forno con fondo imburrato; passate in forno a 220° C per una decina di minuti, finché il prosciutto sarà tutto dorato.
• Si servono con il pane e un buon bicchiere di vino rosso giovane.

Protagonisti: i legumi

Da sempre in Emilia circola un detto così condiviso che ogni città ne attribuisce l'origine al proprio signorotto cinquecentesco. A un cortigiano suo amico che gli chiedeva come mai trascurasse la dama affascinante e raffinata, che fino a poco prima lo aveva incantato, per una fresca e tonda contadinotta, quel tal signore rispose: «Tutti i giorni sempre fagiano! Alla fine vien voglia di una zuppa di fagioli!».
Anche per noi è tempo di riscoprire questo cibo trascurato, considerato vile, grossolano e da poveri nell'era della fettina e del filetto. Anzi, per il diabetico in particolare, i legumi vanno bene quanto l'asettica fettina e in molti casi senz'altro meglio. La "lettera di pre-

sentazione" dei legumi è infatti straordinaria: grande abbondanza di fibra cellulosica e non, ricchezza di glucidi complessi, pochi grassi (e quei pochi sono soprattutto polinsaturi anticolesterolo!), varietà e abbondanza di minerali e vitamine del gruppo B, buon apporto di proteine (che si integrano a vicenda con quelle del pane e della pasta, cioè con gli altri ingredienti principali delle zuppe). Le ricette proposte non vogliono snaturare la loro origine popolare, puntano anzi proprio sull'attrattiva del semplice e buon sapore dei piatti tradizionali. Per la ricchezza compositiva e calorica esse si adattano soprattutto al pranzo di cui conglobano minestra asciutta e pietanza, ma quelle più delicate, ad esempio quelle a base di piselli, possono diventare il piatto forte della cena.

Zuppa di fagioli alla ciociara

- 100 g di fagioli bianchi secchi
- olio extravergine d'oliva
- un trito di sedano, aglio e prezzemolo
- peperoncino
- 30 g di pane
- sale e pepe
- 250 g di verdura
- succo di limone

• Riunite in una pentola i fagioli (già ammollati e ben lavati), quattro cucchiaini d'olio, il trito di sedano, aglio e prezzemolo e il peperoncino; coprite con acqua fredda e salate.
• Coprite la pentola, portate a ebollizione e continuate la cottura a calore moderato, finché i fagioli non sono ben cotti.
• Intanto tostate le fette di pane che disporrete nella scodella ricoprendole di zuppa.
• Per completare il pasto, un bel piatto di verdura di stagione cruda o cotta, condita con olio (i due cucchiaini restanti), abbondante limone, sale e pepe.
• Un vino rosso giovane e corposo è l'ideale per questa delizia.

Preparazione: 50 minuti
Difficoltà: media
Stagione: tutte le stagioni

Minestra di ceci alla toscana

- 100 g di ceci secchi
- olio extravergine d'oliva
- 1 rametto di rosmarino fresco
- mezzo filetto d'acciuga sottolio →

• Mettete i ceci (precedentemente ammollati e ben lavati) in una pentola, copriteli di abbondante acqua salata, aggiungete sale e rosmarino, coprite la pentola e fate cuocere a fuoco moderato.
• A cottura ultimata, togliete il rosmarino e frullate i ceci insieme all'acqua di cottura per ottenere un purè

- 1 cucchiaio di passato di pomodoro
- 1 spicchio di aglio
- 30 g di pasta corta tipo conchigliette o ditalini
- sale
- 250 g di verdure di stagione
- succo di limone

Preparazione: 60 minuti
Difficoltà: difficile
Stagione: autunno-inverno

che deve risultare non troppo denso.
• Nella stessa pentola, ben lavata e asciugata, mettete i cinque cucchiaini d'olio e fate rosolare lo spicchio d'aglio schiacciato.
• Aggiungete il passato di pomodoro, lasciate insaporire qualche minuto e unite il filetto d'acciuga, facendolo sciogliere.
• Dopo una buona mescolata togliete l'aglio e aggiungete il purè di ceci.
• Portate a ebollizione, mescolando spesso, e buttate le conchigliette.
• Quando la pasta sarà cotta, scodellate accompagnando con un bicchiere di buon vino rosso.
• Per completare il pasto non deve mancare un bel piatto di verdura, condita con olio e limone.

Minestra di fave fresche alla romana

- 150 g di fave fresche sgusciate
- 20 g di pancetta magra
- 1 costola di sedano
- 1 cipollina fresca
- 1 punta di aglio
- 1 ciuffetto di prezzemolo
- 4 cucchiaini di olio extravergine d'oliva
- 20 g di pasta corta tipo ditali o cannolicchietti
- 1 cucchiaino di pecorino grattugiato o di parmigiano
- sale e pepe
- 250 g di verdure di stagione
- succo di limone

Preparazione: 60 minuti
Difficoltà: media
Stagione: primavera

• Tritate la pancetta magra, il sedano, la cipolla, l'aglio e il prezzemolo, e mettete a imbiondire in casseruola con tre cucchiaini d'olio. Salate e pepate.
• Dopo una decina di minuti aggiungete le fave fresche, che lascerete insaporire mescolando ogni tanto; quindi bagnate con acqua abbondante (circa 300 g).
• Quando le fave sono pronte gettate la pasta.
• A cottura ultimata togliete dal fuoco, lasciate riposare per un paio di minuti, insaporite con il pecorino e quindi servite.
• Per completare il pasto consigliamo il consueto piatto di verdure condite con olio e limone.

Zuppa di lenticchie alla paesana

- 80 g di lenticchie secche
- olio extravergine d'oliva
- 1 filetto d'acciuga ben sgocciolato
- 1 costola di sedano, aglio e salvia
- 50 g di polpa di pomodoro
- 30 g di pane magro tagliato a fettine
- sale e pepe
- 250 g di verdure di stagione
- succo di limone

• Cuocete in mezzo litro d'acqua leggermente salata le lenticchie (già ammollate per almeno un'ora) e tenetele in caldo nel liquido di cottura.
• In una casseruola fate imbiondire in cinque cucchiaini d'olio il trito di sedano, mezzo spicchio di aglio e una foglia di salvia.
• Aggiungete il filetto d'acciuga tritato finemente e la polpa di pomodoro; lasciate cuocere a fuoco basso per circa un quarto d'ora e aggiustate di sale e pepe.
• Aggiungete le lenticchie scolate, fate insaporire mescolando, bagnate quindi con il liquido di cottura e lasciate prendere l'ebollizione.
• Intanto tostate le fettine di pane e poggiatele sul fondo della scodella; distribuitevi sopra la zuppa, calda e ben mescolata.
• Un bicchiere di vino rosso e un'insalata fresca condita con olio (i due cucchiaini rimanenti) e limone completeranno il pranzo.

Preparazione: 50 minuti
Difficoltà: facile
Stagione: inverno

Insalata di lenticchie

- 100 g di lenticchie secche
- 1 cipolla
- 1 foglia di alloro
- 2 chiodi di garofano
- mezzo spicchio di aglio
- timo oppure origano
- prezzemolo
- 1 costa di sedano
- 1 carota
- sale e pepe
- 30 g di pane magro
- 100 g di insalatina fresca
- succo di limone

• La sera prima mettete in ammollo le lenticchie.
• Al momento di preparare, punteggiate la cipolla con i chiodi di garofano e ponetela al fuoco in circa mezzo litro d'acqua, insieme all'aglio, l'alloro, il timo, il prezzemolo, il sedano e un pizzico di sale.
• Quando l'acqua bolle, gettate le lenticchie e fatele cuocere, coperte, per circa 30 minuti.
• Intanto tagliate a dadini la carota (ben pulita) e aggiungetela alle lenticchie.
• Terminata la cottura scolate il tutto, eliminate la cipolla e gli odori, aggiustate di sale e pepe.
• Preparate il condimento con olio (4 cucchiaini), aceto e senape, e unitelo alle lenticchie mescolando bene; prima di servire cospargete di prezzemolo tritato.
• Una fetta di pane tostato (se piace, strofinata d'aglio) e un'insalatina condita con olio (il cucchiaino rimanente) e limone completeranno il pranzo.
• Il vino sarà sicuramente rosso e corposo.

Preparazione: 50 minuti
Difficoltà: facile
Stagione: inverno

Fagioli all'uccelletto

› 100 g di fagioli secchi
› olio extravergine d'oliva
› qualche foglia di salvia
› sale e pepe
› 2 cucchiai di passato di pomodoro
› 30 g di pane magro
› 250 g di finocchio o di coste di sedano

Preparazione: 60 minuti
Difficoltà: facile
Stagione: tutte le stagioni

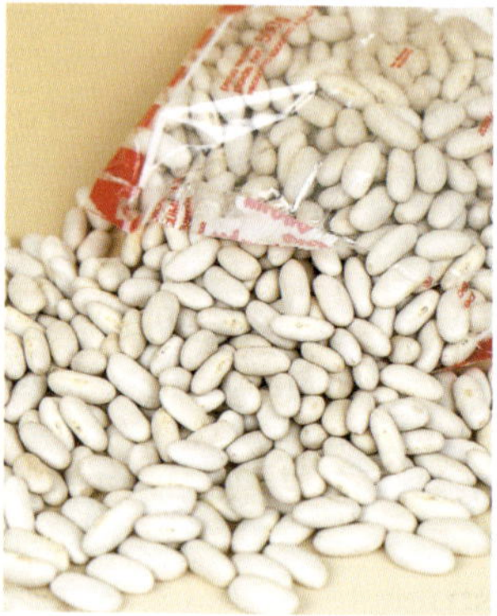

- Sistemate in una pentola i fagioli (già ammollati per una notte), copriteli con acqua fredda e salate leggermente; coprite la pentola e portate a cottura, a fuoco medio.
- In una padella scaldate cinque cucchiaini di olio e il ciuffetto di salvia; gettatevi i fagioli lessi scolati, fate insaporire mescolando di frequente, regolando di sale e pepe.
- Aggiungete le due cucchiaiate di passato di pomodoro e continuate la cottura, girando spesso; quando il liquido si è tutto ritirato, i fagioli sono pronti e si possono servire, accompagnati da una fetta di pane casereccio e verdura cruda.
- Imperdibile un buon bicchiere di rosso Chianti.

Piselli alla fiamminga

› 130 g di pisellini freschi
› 3 cucchiaini di olio extravergine d'oliva
› 2 carote novelle
› sale e pepe
› 1 cucchiaino di burro
› 30 g di pane magro

Preparazione: 50 minuti
Difficoltà: facile
Stagione: primavera

- Sistemate in un tegame le carote tagliate a fettine, coprite d'acqua, aggiungete i tre cucchiaini di olio, salate, pepate e portate a ebollizione.
- Aggiungete quindi i piselli e terminate la cottura.
- Togliete il tegame dal fuoco; quando il liquido è completamente evaporato, insaporite con il cucchiaino di burro fresco e mescolate per bene.
- Versate il tutto nel piatto da portata e servite con il pane leggermente tostato.

Per saperne di più

Una diagnosi sicura di diabete mellito viene formulata dal medico solo dopo un'attenta e ponderata valutazione dei risultati di indagini analitiche, strumentali e cliniche.
Tuttavia una glicemia basale (cioè a digiuno) uguale o superiore a126 mg/100 ml (i valori normali sono compresi fra 70 e 109 mg/100 ml), misurata in almeno due distinte rilevazioni, permette di affermare con relativa sicurezza che il paziente è affetto da diabete.
In ogni caso, quando la glicemia basale ha subito un progressivo incremento nel tempo o presenta valori che si avvicinano o superano quello massimo di riferimento, è necessario sottoporsi alla prova da carico orale di glucosio. Questa prova si effettua in condizioni basali (cioè di assoluto riposo fisico-mentale, a digiuno da almeno 12 ore, proteico da 24), e in condizioni di normalità termica ingerendo quantità stabilite di glucosio e facendo determinazioni glicemiche a intervalli regolari di tempo.
Una volta stabilito che il paziente è diabetico la prescrizione dietetica rappresenterà sempre, da sola o in associazione a farmaci (insulina, sulfaniluree o biguanidi) un presidio essenziale nella terapia. Ma poiché la dieta dovrà essere seguita per tutta la vita è importante che possieda determinate caratteristiche quali normalità (non si discosti troppo da quella consueta), praticità, gratificazione e attuabilità (cioè sia adattabile alle abitudini di vita e di lavoro del diabetico, che non deve sentirsi un diverso).
Per questo oggi si consiglia, specie al diabetico in normopeso, esente da altre condizioni patologiche, di alimentarsi in modo del tutto simile a chi si nutre correttamente, rispettando però alcune semplici norme dietologico-comportamentali, delle quali si è tenuto conto nella formulazione della dieta grezza di riferimento e nelle ricette sostitutive (analizzata per quanto riguarda i contenuti nella tabella a pagina 104).

Analisi della dieta grezza di riferimento

Strutturata in cinque pasti, tre dei quali fra loro isoenergetici (la colazione e i due spuntini), la dieta grezza offre un ampio spazio all'utilizzazione di ortaggi e verdure (500 g), frutta (600 g), pa-

DIETA GREZZA DI RIFERIMENTO SCHEDA ANALITICA

Contenuto energetico della dieta:
2000 Kcal circa
(pari a 8368 kJ circa)

Contenuto energetico da proteine:
animali 9%
vegetali 8%
complessivo 17%

Contenuto energetico da lipidi:
saturi 7%
monoinsaturi 18%
poliinsaturi 7%
complessivo 32%

Contenuto energetico da carboidrati:
monodisaccaridici:
solubili 14%
polissaccaridici:
complessi disponibili 36%
complessivo 50%

Contenuto energetico da alcool*:
7,5%

Contenuto di colesterolo:
170 mg

Contenuto di purine:
180 mg

Contenuto di fibra alimentare:
8 g solubile
22 g insolubile
complessivo 30 g

* compreso nei carboidrati disponibili

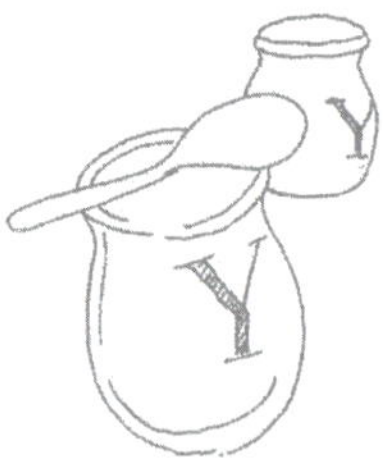

sta (90 g), pane integrale (120 g). A questi alimenti, che svolgono una funzione portante, si associano, in percentuale fisiologica, quelli prevalentemente proteici quali pesce, legumi, carne, formaggi, uova, latte, yogurt magro ecc..
L'unico grasso di condimento usato è l'olio extravergine d'oliva. Il vino, secco, di bassa gradazione alcolica, è distribuito equamente fra il pranzo e la cena (200 g complessivi).
Della suddivisione in cinque pasti, dell'utilizzazione dell'olio extravergine d'oliva come esclusivo grasso di condimento e dell'introduzione del vino come elemento integrante della dieta del diabetico (quando non esistano controindicazioni) abbiamo più volte parlato, nelle parti introduttive e un po' dappertutto nel ricettario.
Meritano invece due parole in più i legumi, che per motivi diversi frequentano poco (o non frequentano come una volta) la nostra tavola. Questi alimenti sono essenziali per la salubrità della dieta in quanto oltre a svolgere benefici effetti metabolici (hanno basso indice glicemico) riducono gli apporti alimentari di proteine animali, acidi grassi saturi e colesterolo.
Si consiglia di utilizzarli, se non creano eccessiva flatulenza, almeno due volte alla settimana.

Peso corporeo desiderabile e proprio stato ponderale

Il peso corporeo desiderabile rappresenta un parametro antropometrico di grande utilità pratica in quanto predittivo della maggiore probabilità di sopravvivenza. Serve per valutare, anche se in modo non rigoroso, lo stato ponderale dell'individuo (sottopeso, nor-

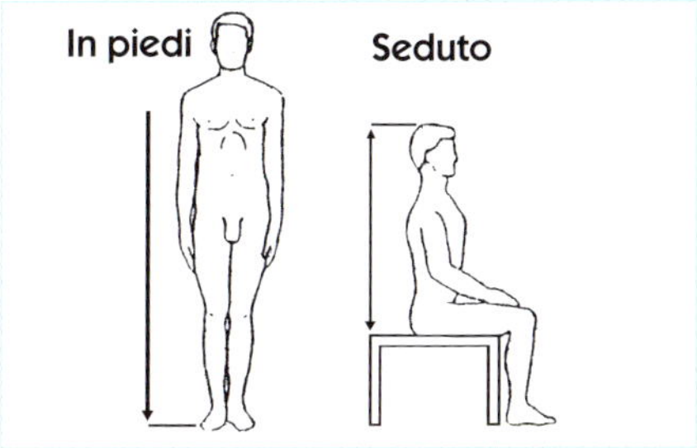

mopeso, sovrappeso) e/o a calcolarne il fabbisogno energetico medio giornaliero. Si determina con vari metodi; tuttavia per le finalità di questo volume è sufficiente utilizzare il metodo tabellare o quello dell'Indice di massa corporea (IMC) espresso in forma numerica o grafica (nomogramma).

• Per il metodo tabellare è necessario conoscere la statura in piedi, da seduto, e il tipo costituzionale al quale l'individuo appartiene. Mentre la statura in piedi e da seduto si valuta con lo stadiometro, il tipo costituzionale si determina mediante il calcolo dell'indice schelico attraverso la formula:

$$\textbf{Indice schelico} = \frac{\text{statura da seduto (cm)}}{\text{statura in piedi (cm)}} \times 100$$

Questo indice va confrontato con quelli di riferimento posti nella tabella in basso per definire il tipo costituzionale; a questo punto si potrà conoscere il proprio peso desiderabile consultando la tabella alle pagine 115-116.
Facciamo un esempio pratico.
Uomo; età 30 anni; statura da seduto cm 94,6; statura in piedi cm 175; peso corporeo reale kg 82.
L'indice schelico sarà:
IS = 94,6/175 x 100 = 54,06
Quest'uomo è dunque brevilineo (tabella in basso), ed è in sovrappeso in quanto il suo peso corporeo desiderabile (tab. a pagina 116) è di kg 71,969. È utile precisare che questa determinazione, pur essendo significativa, è approssimata, in quanto non tiene conto di altri parametri quali lo sviluppo scheletrico, lo sviluppo muscolare, lo stato di idratazione e così via, che possono modificare almeno in parte il dato tabellare.

• Per il metodo dell'indice di massa corporea (IMC o in inglese Body Max Index) è necessario conoscere la statura in piedi e il peso corporeo reale. Esso permette, nella forma numerica, di conoscere lo stato ponderale e di calcolare il peso corporeo desiderabile. Si determina con la seguente formula:

$$\textbf{Ind. di massa corp.} = \frac{\text{peso corporeo reale (kg)}}{\text{statura in piedi}^2\text{ (cm)}} \times 100$$

VALORI DELL'INDICE SCHELICO PER TIPO COSTITUZIONALE

Tipo costituzionale	Donne	Uomini
Longilineo	<52	<51
Normolineo	52,1-54	51,1-53
Brevilineo	>54	>53

INDICI DI MASSA CORPOREA DI RIFERIMENTO

Sottopeso	<18,5
Normalità ponderale	18,5-24,9
Sovrappeso	25,0-29,9
Obesità di 1° grado	30,0-34,9
Obesità di 2° grado	35,0-39,9
Obesità di 3° grado	>40

Per l'uomo indagato:

$$\text{IMC} = \frac{82}{1{,}75^2} = \frac{82}{3{,}062} = 26{,}8$$

Una volta calcolato questo indice va confrontato con quelli di riferimento posti nella tabella a destra. Dal confronto si evidenzia che è in sovrappeso. Per conoscere invece il peso desiderabile si moltiplica il quadrato della statura in piedi per gli IMC di normalità ponderale (18,5 e 24,9). Entro questo range di peso (kg 56,656-76,256) è compreso quello desiderabile.

• Infine, anche se in modo più approssimato, l'individuo può conoscere, senza effettuare calcoli, il proprio stato ponderale utilizzando il nomogramma riportato qui sotto. In questo caso basterà tracciare una retta che congiunga altezza e peso.

NOMOGRAMMA PER LA VALUTAZIONE DELLO STATO PONDERALE

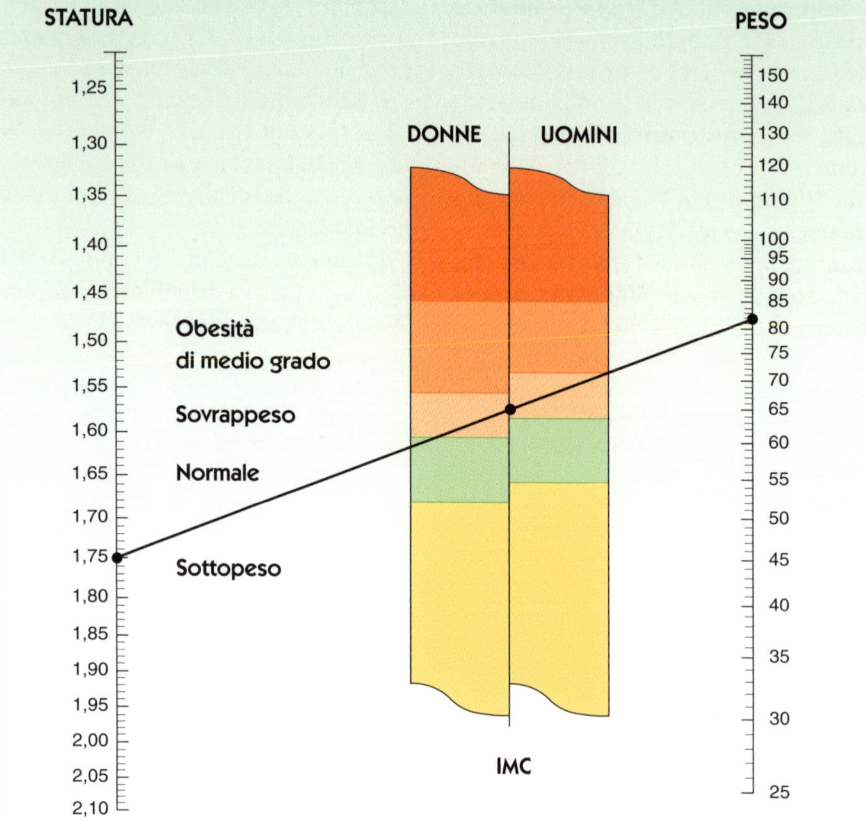

Per conoscere il proprio stato ponderale unire con un righello la statura con il peso e verificare in quale punto questa linea obliqua interseca la retta verticale indicata con IMC. Come si può osservare l'indicatività dei tre metodi coincide.

Come e perché calcolare il fabbisogno energetico

Il computo del fabbisogno o dispendio energetico giornaliero medio individuale (FEG) si effettua con diversi metodi; tuttavia qualunque sia quello utilizzato esso ha soltanto un valore indicativo.
Per verificare se il fabbisogno è adeguato all'introito energetico bisogna controllare settimanalmente il peso corporeo e osservare il suo andamento nel tempo. Questo perché il mantenimento dell'equilibrio energetico fra introito e fabbisogno rappresenta – allo stato attuale delle nostre conoscenze – la strategia comportamentale più vantaggiosa, sotto il profilo nutrizionale, per conservare o raggiungere lo stato ottimale di salute. Infatti qualunque forzatura o inibizione metabolica da eccesso o carenza energetica, se prolungata nel tempo, può agire come cofattore o causa sufficiente per l'instaurarsi di una patologia.

• Per le finalità pratiche di questo libro utilizzeremo per il computo il metodo dei coefficienti energetici unitari basati sull'individuazione di un indice numerico (consumo energetico per kg di peso corporeo desiderabile) nel quale, per comodità di calcolo, sono conglobate le spese energetiche dovute ai vari dispendi (per esempio da metabolismo basale, da utilizzazione degli alimenti, per le comuni attività di vita, di lavoro, ricreative...).
Moltiplicando il peso corporeo desiderabile (e non quello reale) per il coefficiente appropriato espresso in Kcal o in kJ, si ottiene il fabbisogno nelle rispettive unità di misura. Questo coefficiente, come si può osservare nella tabella in basso, varia a seconda del sesso, del tipo di attività lavorativa o ricreativa.
Facciamo un esempio di computo relativo al soggetto brevilineo obeso già analizzato in precedenza.

COEFFICIENTI PER IL CALCOLO DEL FABBISOGNO ENERGETICO INDIVIDUALE

Tipo di attività lavorativa	Adulti (20-60 anni) Donne		Adulti (20-60 anni) Uomini		Anziani (61-75 anni) Donne		Anziani (61-75 anni) Uomini	
	Kcal	kJ	Kcal	kJ	Kcal	kJ	Kcal	kJ
Leggero[1]	30	125,5	35	146,4	25	104,6	30	125,5
Moderato[2]	35	146	40	167,4	30	125,5	35	146,4
Pesante[3]	40	167,4	45	188,3	35	146,4	40	167,4

1 Insegnante, professionista, impiegato, negoziante, giornalaio, rappresentante, autista, meccanico, idraulico, falegname, pittore...; lavori casalinghi, di piccola meccanica, di normale giardinaggio (potatura, legatura...), di manutenzione ordinaria della casa; posa di mattoni; lavori agricoli con mezzi meccanici; esercizi di ginnastica; biliardo, golf, vela bowling...
2 Lavori agricoli di moderata intensità senza mezzi meccanici; lavori casalinghi di grandi pulizie; lavori straordinari di giardinaggio; lavori meccanici e di falegnameria di una certa intensità; marcia con zaino, ciclismo, ballo, sci, canoa, ippica, tennis, nuoto lento...
3 Lavori di sterro con piccone e badile; lavori con badile, forcone o sega a mano; abbattimento di alberi con accetta; lavori di fonderia o meccanica pesante; calcio, nuoto veloce, voga, roccia, corsa...

Uomo; età 30 anni; brevilineo; statura cm 175; peso corporeo reale kg 82; normomuscolato; peso corporeo desiderabile kg 71,969; svolge un'attività leggera: rappresentante di commercio.
Il suo fabbisogno energetico medio giornaliero complessivo individuale sarà così calcolato:

71,969 x 35 = 2519 Kcal (10539 kJ)

I coefficienti della tabella hanno un valore indicativo e sono in linea di massima adeguati alle necessità di coloro che compiono le normali attività quotidiane. Per coloro che invece praticano con sistematicità attività lavorative e/o sportive intense è necessario determinare il fabbisogno energetico con altri metodi qui non descritti.
È invece utile precisare che quando parliamo di individui anziani, ci riferiamo a persone fisicamente e psicologicamente attive, cioè con interessi e attività ludico-ricretive e/o lavorative di vario tipo.
Per il computo del loro fabbisogno, come si può osservare dalla tabella, si utilizzano coefficienti più contenuti di quelli usati per gli adulti; tuttavia esistendo per gli anziani una forte variabilità individuale nei consumi è indispensabile verificare sistematicamente l'adeguatezza dell'introito al fabbisogno.
Nell'anziano il fabbisogno si può anche determinare utilizzando i coefficienti dell'età adulta e sottraendo dal computo il 20% per quelli che vanno dai 61 ai 70 anni e il 30% per quelli con età superiore ai 70 anni.

Adeguare la dieta grezza al proprio fabbisogno

La razione giornaliera proposta come modello di riferimento ha, come si è già detto, un contenuto energetico di circa 2000 Kcal (pari a 8368 kJ circa).
Utilizzabile così com'è da tutti coloro che, in normopeso, hanno questo fabbisogno, va proporzionalmente adeguata per quelli che ne hanno uno diverso, o sono in sottopeso o in sovrappeso.
Ecco tre esempi diversi.

- Se un individuo è in normopeso e ha un fabbisogno di 1700 Kcal., cioè diverso da quello della dieta grezza proposta, dovrà ricalcolare la propria porzione di pasta a pranzo grazie a questa semplice proporzione:

2000 : 1700 = 70 : x per cui:
x = (1700 x 90) / 2000 = 59,5

dove 2000 sono le calorie della dieta grezza di riferimento, 1700 quelle del suo fabbisogno, 70 la quantità di pasta (in grammi) a pranzo della dieta grezza e x (in questo caso si tratta di 59-60 g) la quantità di pasta che potrà gustarsi.
Con lo stesso sistema (lasciando immutati i rapporti fra i principi alimentari) si potranno conoscere le quantità corrette degli altri alimenti che compongono i pasti.

- Se un individuo è obeso e ha un fabbisogno di 2000 Kcal, uguale cioè al contenuto energetico della dieta grezza proposta, per avere un calo ponderale di 100 g al giorno (8 Kcal. circa, pari a 33,47 kJ circa, per grammo di calo) dovrà diminuire l'introito energetico di circa 800 Kcal (pari a 3347 kJ circa) Stabilito così il suo nuovo fabbisogno imposterà la stessa proporzione, ma con termini diversi:

$2000 : 1200 = 70 : x$

dove 2000 sono le calorie della dieta grezza di riferimento, 1200 quelle del suo fabbisogno, 70 la quantità di pasta (in grammi) a pranzo della dieta grezza e x (in questo caso 42 g) la quantità di pasta consentita.

• Se un individuo, oltre a essere obeso, ha anche un fabbisogno minore di 2000 Kcal (contenuto energetico della dieta di riferimento), per raggiungere il peso desiderabile dovrà naturalmente effettuare un "taglio" energetico molto superiore a quello dell'esempio precedente, calcolabile allo stesso modo.
È bene però ricordare ancora che, per motivi precauzionali, la dieta del diabetico non può scendere sotto le 1000-1200 Kcal (pari a 4184-5021 kJ circa), se non per brevi periodi; egli dovrà quindi aumentare il consumo energetico (svolgendo tutti i giorni attività fisica) o accontentarsi di un calo ponderale minore.

Alcuni esempi di computi

Vediamo ora di annotare quello che ha mangiato nella giornata (assunta come rappresentativa del regime dietetico abituale) l'uomo indagato, di fare i vari computi energetico-compositivi e di

SCHEDA DI ANNOTAZIONE DEGLI ALIMENTI

Assunzioni nella giornata	**g**
Colazione (ore 7)	
Jogurt da latte magro	125
Mela	200
Spuntino (ore 10)	
Pera	200
Pranzo (ore 13)	
Pasta alimentare	100
Carne magra di vitellone	100
Pane comune	50
Zucchine	250
Olio extravergine di oliva	20
Vino bianco da pasto	100
Caffè normale amaro	-
Spuntino (ore 16)	
Yogurt da latte magro	125
Cena (ore 20)	
Sogliola	130
Pane comune	50
Lattuga	200
Olio extravergine di oliva	20
Vino bianco da pasto	100
Totale	**1770**

esprimere un breve giudizio dietologico sul suo operato. Nel nostro caso i quantitativi in grammi sono stati annotati nella scheda di p. 109 che può facilmente essere replicata da chiunque. I dati desunti dalla compilazione di questa scheda permetteranno, una volta elaborati, di valutare la correttezza quali-quantitativa della razione. Dalla scelta oculata e veridica di questi dati dipende infatti la validità dell'indagine.

Per sapere quanta energia (Kcal/Kj) il soggetto ha introdotto, bisogna sommare le quantità parziali consumate di ogni alimento e moltiplicare quelle complessive per i rispettivi valori energetici (si vedano le tabelle Valore energetico e composizione chimica degli alimenti alle pagine 118-126).
La scheda di computo dell'energia introdotta con gli alimenti nel corso della giornata può avere la forma sotto riportata, nella quale vengono annotati tipo di alimento, quantità introdotta, valore energetico per 100 grammi di parte edibile e complessivo:

L'individuo nella giornata ha introdotto 1652 Kcal circa (6912 kJ circa). Per conoscere la quantità di principi alimentari (proteine, lipidi, carboidrati ecc.) contenuti nella razione e i loro apporti energetici complessivi bisogna quantificarne i contenuti nei singoli alimenti, sommarli e moltiplicare i suddetti per i corrispondenti coefficienti energetici unitari (4 Kcal o 16,74 kJ per le proteine, 9 Kcal o 37,66 kJ per i lipidi, 3,75 Kcal o 16,69 kJ per i carboidrati, che nelle tabelle delle pp. 118-126 sono espressi come monosaccaridi, e 7 Kcal o 29,29 kJ per l'alcool).
Di seguito riportiamo un esempio di computo relativo alle proteine introdotte con gli alimenti nella giornata:

COMPUTO ENERGETICO (in Kcal)

Alimento	g	V.E. x 100 g	V.E. tot.
Pasta	100	336	336
Pane comune	100	247	247
Jogurt magro	250	42	105
Carne m. vit.	100	113	113
Sogliola	130	83	107,9
Zucchine	250	15	37,5
Lattuga	200	15	30
Mele	200	45	90
Pere	200	38	76
Olio e.v.	40	900	360
Vino	200	75	150
Totale	**1770**		**1652,4**

COMPUTO PROTEICO (in g)

Alimento	g	P. x 100 g	P. tot.	Kcal
Pasta	100	10,8	10,8	43,2
Pane com.	100	7,0	7,0	28,0
Yogurt m.	250	3,8	9,5	38,0
Carne m. vit.	100	21,3	21,3	85,2
Sogliola	130	15,9	20,7	82,2
Zucchine	250	1,3	3,3	13,2
Lattuga	200	1,8	3,6	14,4
Mele	200	0,2	0,4	1,6
Pere	200	0,3	0,6	2,4
Olio e.v.	40	0	0	0
Vino	200	0,1	0,2	08
Totale	**1770**	-	**77,4**	**309,6**

P. = proteine – V.E. = valore energetico

Come si può osservare, l'individuo ha introdotto 77,4 g di proteine pari a 309,6 Kcal (1295 kJ circa). Esse rappresentano il 18,74 % (309,6/1652,4 x 100=18,74) di quelle totali.
Allo stesso modo si sono computate le quantità di acidi grassi saturi (9,29 g), carboidrati mono/disaccaridici solubili (62,85 g), colesterolo (162,10 mg) e fibra alimentare (24,70 g).

L'insieme di questi parametri (e di altri che non abbiamo rilevato) permette di dare un giudizio dietologico sul comportamento alimentare dell'individuo indagato. Possiamo ad esempio dire che essendo in sovrappeso di circa 10 Kg (Kg 82 di peso corporeo reale a fronte dei 72 Kg di peso desiderabile) una razione giornaliera ipoenergetica come questa (- 876 Kcal rispetto al suo fabbisogno complessivo) gli indurrà un calo ponderale di circa 100 grammi al giorno; che il contenuto proteico è adeguato (77,40 g anziché 72), anche se sui valori elevati del range; che il contenuto di carboidrati monodisaccaridici solubili è accettabile (14,26% dell'energia totale) e così via.

Valore energetico e composizione chimica degli alimenti

Alcune precisazioni sono necessarie sulle tabelle relative al Valore energetico e composizione chimica degli alimenti. Innanzi tutto i valori si riferiscono a 100 g di parte edibile (cioè senza osso, valve, nicchi, gusci e scarti vari).
I fattori utilizzati per computare il valore energetico degli alimenti sono stati quelli proposti da Southgate e Durnin (1970) e cioè 4 Kcal (16,74 kJ) per g di proteine, 9 Kcal (37,66 kJ) per g di lipidi, 3,75 Kcal (15,69 kJ) per g di carboidrati disponibili (espressi nella tabella come monosaccaridi) e 7 Kcal (29,29 kJ) per g di alcool.
La quantità di acidi grassi monoinsaturi contenuta in un alimento si calcola, con buona approssimazione, sottraendo dai lipidi totali le quantità di acidi grassi saturi e polinsaturi. I carboidrati o glucidi disponibili comprendono i carboidrati mono-disaccaridici solubili (glucosio, fruttosio, galattosio, mannosio, saccarosio, lattosio, maltosio) e quelli polisaccaridici digeribili (amido, destrine, insulina).
La fibra alimentare, infine, è costituita dall'insieme formato dai polisaccaridi non disponibili (cellulosa, emicellulosa, pectine, gomme, mucillagini, galattomannani) con la lignina.

Indice di aterogenicità degli alimenti (CSI)

Un discorso a parte merita il CSI (Cholesterol Saturated Fat Index). Si tratta di un indice messo a punto dal Dipartimento Nutrizione Clinica e Metabolismo Lipidico dell'Università dell'Oregon per esprimere il potenziale aterogeno di un alimento (punteggio dietetico dell'alimento).
Si calcola per 100 g di alimento con la seguente formula:

(1.01 x g grassi sat.) + (0,05 x mg colesterolo)

Per esempio, per la carne di pollo (pronto da cucinare) questo indice è 5,91: (1,01 x 1) + (0,05 x 98) = 1,01 + 4,90 = 5,91.

Di facile determinazione e utilizzazione, questo indice ha però numerosi limiti fra i quali:
a) non tiene conto della diversa aterogenicità degli acidi grassi saturi e di quella presentata da alcuni monoinsaturi: ad esempio l'acido stearico, saturo, è scarsamente aterogeno, a differenza del monoinsaturo palmitoleico;
b) non tiene conto dell'effetto ipolipidemizzante e quindi antiaterogeno che gli acidi grassi polinsaturi presenti nell'alimento svolgono nell'organismo;
c) parte dal presupposto che il potenziale di aterogenicità di un alimento dipenda esclusivamente dal suo contenuto in acidi grassi saturi e colesterolo, mentre ci sono alimenti con intensa attività lipogenetica e quindi aterogena, (quali lo zucchero da tavola, l'alcol etilico e così via) che pure hanno CSI pari a 0.
Pur con i limiti sopra esposti, il CSI evidenzia in modo inequivocabile come l'aterogenicità di un alimento dipenda soprattutto dalla concomitante presenza di elevate quantità di grassi saturi e colesterolo e non soltanto da quest'ultimo. Infatti cibi come l'aragosta (CSI = 8,60), con elevato contenuto di colesterolo (164 mg) e scarso contenuto di acidi grassi saturi (3,1 g), presentano un'aterogenicità più moderata di altri, come la carne bovina semigrassa (CSI = 9,97) meno ricchi di colesterolo (68 mg), ma più abbondanti di acidi grassi saturi (6,5 g).
Il CSI può essere calcolato per il singolo alimento o per l'intera razione giornaliera. Non forniamo esempi di calcolo sulla razione giornaliera, tuttavia è utile sapere che, rapportato a 1000 Kcal (4184 kJ) assunte, questo indice si presenta inferiore a 15 nei Paesi in cui prevalgono diete povere di cibi aterogeni e superiore a 20-25 in quelli in cui invece prevalgono diete ricche di colesterolo e di acidi grassi saturi.
Allo schema nutrizionale tipicamente mediterraneo corrisponde un CSI di circa 18 per 1000 calorie, valore che possiamo considerare molto buono.

Indice glicemico degli alimenti e carico glicemico giornaliero

L'indice glicemico è definito da Jenkins come il rapporto percentualizzato tra l'incremento glicemico ottenuto dopo due ore dall'ingestione di un alimento e quello dopo l'ingestione di una quantità isoglucidica (cioè uguale a quella di glucidi disponibili contenuti nel cibo in esame) di glucosio, assunto come standard di riferimento.

Esempi di questo indice sono riportati nelle tabelle di p. 117. Esso mostra il diverso impatto che i singoli cibi hanno sull'insulinemia e sulla glicemia. Impatto (massimo per il glucosio: IG convenzionalmente posto uguale a 100) che dipende non soltanto dal contenuto glucidico globale dell'alimento, ma anche dalla sua stessa composizione glucidica (diverso contenuto di carboidrati semplici e complessi, di amilosio e amilopectina nell'amido, ecc.), da alcune manipolazioni tecnologiche che ha subito, dal tipo di cottura, dalla presenza di grassi, proteine, sodio.

Per esempio la pasta (spaghetti, maccheroni, ecc.) avendo un indice glicemico inferiore (50-59%) a quello del pane integrale (60-69%), del pane bianco e del riso (70-79%), produrrà, a parità di peso rispetto a questi alimenti, un minor inalzamento glicemico, mentre lo indurrà maggiore dei legumi (20-29%) e così via. È quindi per questo motivo che il tradizionale scambio degli alimenti in base alla equivalenza glucidica va riveduto e integrato alla luce di queste nuove conoscenze.

È bene però precisare che l'indice glicemico non è un parametro utilizzabile per la prescrizione quantitativa degli alimenti ricchi di carboidrati. Esso può essere impiegato per caratterizzare qualitativamente la dieta dal momento che è stato dimostrato un effetto metabolico favorevole dei regimi a basso indice glicemico, sia sul controllo glicemico sia sul tasso di lipidi plasmatici (in particolare sulla sintesi di trigliceridi).

La conoscenza di questo indice permette quindi di ampliare le scelte alimentari (si osservi che il saccarosio quando è collocato alla fine di un pasto misto contenente altri nutrienti e adeguatamente protetto da fibre alimentari, specie di tipo solubile – *gel forming* – ha un indice glicemico uguale a quello degli spaghetti!) attraverso una combinazione equilibrata di diversi cibi, piuttosto che una esclusione di alimenti spesso catalogati come "proibiti".

Occorre inoltre puntualizzare che l'indice glicemico è un indice relativo, cioè esprime il potere glicemizzante di un alimento indipendentemente dallo stato di controllo glicemico del soggetto.

La pasta, per esempio, esercita a parità di carboidrati ingeriti un potere glicemizzante (standard: pane bianco) pari a circa il 50-60% del pane indipendentemente dal fatto che a consumarla sia un individuo sano o diabetico (anche se, ovviamente, le risposte glicemiche assolute sono diverse nei due casi).

La classificazione degli alimenti basata su questo indice è lineare e abbastanza riproducibile per quantità di carboidrati che varia da 0 a 75-100 grammi, oltrepassata la quale le risposte glicemiche tendono a raggiungere un *plateau* e diventare non più interpretabili.
Più recentemente è stato introdotto il concetto di carico glicemico, indice espresso dal valore ottenuto moltiplicando la quantità di carboidrati consumati per il loro indice glicemico. Esso è proporzionale, anche se con approssimazione, al fabbisogno totale di insulina necessario al controllo glicemico postprandiale nel periodo considerato. In pratica: due diete contenenti l'una 200 g di carboidrati a indice glicemico medio di 60, e l'altra 150 g di carboidrati a indice glicemico medio di 80, hanno lo stesso carico glicemico (1200).
Conseguenza di ciò è l'importanza di favorire nella dieta in generale, e nel diabete in particolare, l'impiego di alimenti a basso indice glicemico, per poter mantenere più elevata la quantità di energia derivata dai carboidrati. Per esempio in una dieta di 2000 Kcal (8368 kJ), 200 o 150 grammi di carboidrati disponibili rappresentano rispettivamnete il 40 e il 30% di energia della dieta.
Il carico glicemico totale di una dieta assume notevole importanza, oltre che nel trattamento del diabete non insulino dipendente, anche nella sua prevenzione. Recenti ricerche condotte negli Stati Uniti hanno infatti evidenziato che somministrando a individui di entrambi i sessi diete ad alto indice glicemico povere di fibra si incrementa il rischio di comparsa del diabete, dopo i 60 anni di età, di quasi 3 volte rispetto ai soggetti che consumano diete a basso indice glicemico ricche di fibra.

NOTA BIBLIOGRAFICA

Agradi E., *Le basi scientifiche della dieta Mediterranea*, Verducci, Roma 1988
Bonvicini P. - Sangiorgi Cellini G., *Prontuario di analisi cliniche e dietologia pratica*, Monduzzi, Bologna 2004
Del Toma E., *Dietoterapia e nutrizione clinica*, Il pensiero scientifico, Roma 1995
Fidanza F. - Liguori G., *Nutrizione umana*, Idelson, Napoli 1995
Istituto nazionale della nutrizione, *Linee guida per una sana alimentazione*, Dossier scientifico di base, Roma 1986
Mariani Costantini A. - Cannella C. - Tomassi G., *Fondamenti di nutrizione umana*, Il Pensiero scientifico, Roma 1999
Sangiorgi Cellini G. - Toti A., *La dieta personalizzata*, Giunti, Firenze 1989
Sangiorgi Cellini G. - Toti A., *Artusi 2000*, Giunti, Firenze 1991
Sangiorgi Cellini G. - Toti A., *La dieta mediterranea*, Giunti, Firenze 1993

PESI DESIDERABILI PER DONNE FRA I 20 E I 75 ANNI

Altezza	Intervallo di minima mortalità		Longilineo	Normolineo	Brevilineo
1,50	42,075	53,550	44,325	46,800	50,175
1,51	42,638	54,266	44,918	47,426	50,846
1,52	43,214	54,999	45,525	48,067	51,533
1,53	43,775	55,713	46,116	58,691	52,202
1,54	44,349	56,440	46,720	49,329	52,887
1,55	44,927	57,179	47,329	49,972	53,576
1,56	45,508	57,920	47,942	50,619	54,269
1,57	46,094	58,665	48,558	51,270	54,967
1,58	46,683	59,414	49,179	51,925	55,670
1,59	47,275	60,169	49,804	52,584	56,377
1,60	47,872	60,920	50,432	53,248	57,088
1,61	48,472	61,692	51,064	53,916	57,804
1,62	49,076	62,461	51,701	54,587	58,524
1,63	49,684	63,234	52,341	55,263	59,249
1,64	50,295	64,012	52,985	55,944	59,978
1,65	50,911	64,795	53,633	56,628	60,712
1,66	51,530	65,583	54,285	57,316	61,450
1,67	52,152	66,376	54,941	58,009	62,192
1,68	52,779	67,173	55,601	58,706	62,939
1,69	53,409	67,975	56,265	59,407	63,691
1,70	54,043	68,782	56,933	60,112	64,447
1,71	54,681	69,594	57,605	60,821	65,207
1,72	55,322	70,410	58,280	61,535	65,972
1,73	55,967	71,231	58,960	62,252	66,742
1,74	56,616	72,057	59,644	62,972	67,515
1,75	57,269	72,887	60,331	63,700	68,294
1,76	57,925	73,723	61,023	64,430	69,076
1,77	58,585	74,563	61,718	65,164	69,864
1,78	59,249	75,407	62,417	65,903	70,655
1,79	59,917	76,258	63,121	66,645	71,451
1,80	60,588	77,112	63,828	67,392	72,252
1,81	61,263	77,971	64,539	68,143	73,057
1,82	61,942	78,835	65,254	68,898	73,866
1,83	62,624	79,704	65,973	69,657	74,680
1,84	63,311	80,577	66,696	70,420	75,499
1,85	64,001	81,455	67,423	71,188	76,322
1,86	64,694	82,338	68,154	71,960	77,149
1,87	65,392	83,226	68,889	72,735	77,981
1,88	66,093	84,119	69,628	73,515	78,817
1,89	67,798	85,016	70,370	74,300	79,658
1,90	67,507	85,918	71,117	75,088	80,503

Fonte: Bonvicini P., Sangiorgi Cellini G., *Prontuario di analisi cliniche e dietologia pratica*, Monduzzi, Bologna 2004.
I pesi sono stati calcolati moltiplicando il quadrato dell'altezza reale espressa in metri per l'IMC (indice di massa corporea) ideale (19,7; 20,8; 22,3) corrispondente per sesso e tipo costituzionale.

PESI DESIDERABILI PER UOMINI FRA I 20 E I 75 ANNI

Altezza	Intervallo di minima mortalità		Longilineo	Normolineo	Brevilineo
1,50	45,000	56,250	47,250	49,500	52,875
1,51	45,602	57,002	47,882	50,162	53,582
1,52	46,208	57,772	48,529	50,840	54,294
1,53	46,818	58,522	49,159	51,500	55,011
1,54	47,432	59,290	49,803	52,175	55,733
1,55	48,050	60,062	50,452	52,855	56,459
1,56	48,672	60,840	51,106	53,539	57,190
1,57	49,298	61,622	51,763	54,228	57,925
1,58	49,928	62,410	52,424	54,921	58,665
1,59	50,562	63,202	53,090	55,618	59,410
1,60	51,200	64,000	53,760	56,320	60,160
1,61	51,842	64,802	54,434	57,026	60,914
1,62	52,488	65,610	55,112	57,737	61,673
1,63	53,138	66,422	55,795	58,452	62,437
1,64	53,792	67,240	56,482	59,171	63,206
1,65	54,450	68,062	57,172	59,895	63,979
1,66	55,112	68,890	57,868	60,623	64,757
1,67	55,778	69,722	58,567	61,356	65,539
1,68	56,448	70,560	59,270	62,093	66,326
1,69	57,122	71,402	59,978	62,834	67,118
1,70	57,800	72,250	60,690	63,580	67,915
1,71	58,482	73,102	61,406	64,330	68,716
1,72	59,168	73,960	62,126	65,085	69,522
1,73	59,858	74,822	62,851	65,844	70,333
1,74	60,552	75,690	63,580	66,607	71,249
1,75	61,250	76,562	64,312	67,375	71,969
1,76	61,952	77,440	65,050	68,147	72,794
1,77	62,658	78,322	65,790	68,923	73,623
1,78	63,368	79,210	66,536	69,705	74,457
1,79	64,082	80,103	67,286	70,490	75,296
1,80	64,800	81,000	68,040	71,280	76,140
1,81	65,522	81,902	68,798	72,074	76,988
1,82	66,248	82,810	69,560	72,873	77,841
1,83	66,978	83,722	70,327	73,676	78,699
1,84	67,712	84,640	71,098	74,483	79,562
1,85	68,450	85,562	71,872	75,295	80,429
1,86	69,192	86,490	72,652	76,111	81,301
1,87	69,938	87,422	73,435	76,932	82,177
1,88	70,688	88,360	74,222	77,757	83,059
1,89	71,442	89,302	75,014	78,586	83,944
1,90	72,200	90,250	75,810	79,420	84,835
1,91	72,962	91,202	76,610	80,258	85,730
1,92	73,728	92,160	77,414	81,101	86,630
1,93	74,498	93,122	78,223	81,948	87,535
1,94	75,272	94,090	79,036	82,799	88,445
1,95	76,050	95,062	79,852	83,655	89,359

Fonte: Bonvicini P., Sangiorgi Cellini G., *Prontuario di analisi cliniche e dietologia pratica*, Monduzzi, Bologna 2004.
I pesi sono stati calcolati moltiplicando il quadrato dell'altezza reale espressa in metri per l'IMC (indice di massa corporea) ideale (21; 22; 23,5) corrispondente per sesso e tipo costituzionale.

INDICE GLICEMICO DEGLI ALIMENTI
(STANDARD DI RIFERIMENTO: GLUCOSIO)

Glucosio	100
Corn flakes, carote, patate, maltosio, miele	80-90
Pane bianco, riso, fave fresche, patate novelle, rape	70-79
Pane integrale, riso integrale, barbabietole, banane, uva	60-69
Farina di grano, pasta comune, granturco, crusca, biscotti, piselli surgelati, patate dolci e fritte, saccarosio	50-59
Pasta integrale, farina d'avena, patate dolci, fagioli, piselli secchi, arance, succo d'arancia	40-49
Fagiolini, ceci, piselli, mele, gelato, latte scremato, yogurt, zuppa di pomodori	30-39
Fagioli, lenticchie, fruttosio	20-29
Soia, arachidi	10-19

Fonte: *Dietoterapia e nutrizione clinica*, Del Toma et al., Il Pensiero Scientifico, Roma

COMPOSIZIONE DI ALCUNE FONTI DI AMIDO
(COMPOSIZIONE IN AMILOSIO E AMILOPECTINA DI ACUNE FONTI DI AMIDO)

Fonte	Amilosio	Amilopectina
Frumento	25	75
Legumi	29	71
Mais	24	76
Mais ceroso	0,8	99,2
Mais ad alto contenuto di amilosio	70	30
Patata	20	80
Riso	18,5	81,5
Tapioca	16,7	83,3

INDICE GLICEMICO DEGLI ALIMENTI
(STANDARD DI RIFERIMENTO: PANE BIANCO)

Maltosio	152	Pane 50% grani interi	83	Banane, acerbe	59
Carote	135	Biscotti Digestive	82	Segale integrale, intera	58
Patate al forno	135	Riso parboiled, Nordamerica	81	Piselli secchi	56
Riso soffiato	132	Riso integrale, Nordamerica	81	Fagioli cannellini secchi	54
Glucosio	131	Biscotti secchi	80	Pane di segale, farina grossolana	54
Corn flakes	121	Mais dolce	80	Pasta, stelline	54
Riso brillato, fino ribe	117	Patate novelle	80	Mele	52
Patate, fiocchi	116	Riso istant, fino ribe	79	Pasta, spaghetti essiccati HT	52
Castagne, farina	114	Biscotti d'avena	78	Pasta, spaghetti tradizionali	52
Frumento soffiato	110	Pane di segale, Pumpernickel	78	Fagioli bianchi di Spagna, secchi	48
Rice Krispies	110	All Bran	74	Pere	47
Weetabix	109	Fagioli kidney, in scatola	74	Pasta, spaghetti cotti n.5	45
Mais, polenta	106	Piselli surgelati	74	Lenticchie rosse, secche	44
Mais, porridge	106	Fagioli bianchi di Spagna, farina	72	Pesche	40
Patate, bollite	105	Riso parboiled, fino ribe	72	Orzo integrale, intero	39
Miglio	103	Lattosio	69	Pane d'orzo 75% grani interi	39
Pane bianco	**100**	Lenticchie secche, farina	69	Pane di segale integrale	39
Grano saraceno intero	96	Pane 75% grani interi	69	Fave con buccia, secche	37
Pane d'orzo integrale	96	Pasta, maccheroni	68	Fruttosio	35
Pane integrale	96	Arance, succo	67	Prugne	34
Pane di avena, farina grossolana	93	Frumento integrale, spezzato	65	Ciliegie	32
Uvetta sultanina	93	Fagioli borlotti in scatola	64	Orzo perlato	32
Saccarosio	91	Pasta all'uovo	64	Miele	26
Banane, molto mature	90	Pane d'orzo 50% grani interi	62	Soia semi, secchi	22
Avena, fiocchi	89	Pasta, spaghetti integrali	61	Soia semi, in scatola	20
Avena, porridge	85	Fagioli borlotti, secchi	60	Arachidi	19
Avena, crusca	84	Arance	59	Ceci secchi	17

Jenkins e Wolever hanno preferito usare come standard il pane bianco piuttosto che il glucosio. Tuttavia questa scelta, fatta in base a considerazioni pratiche e fisiologiche, ha destato delle critiche a causa della relativa variabilità del termine di paragone.

VALORE ENERGETICO E COMPOSIZIONE CHIMICA DEGLI ALIMENTI

ALIMENTO	Parte edibile	Acqua	Energia *	Proteine	Lipidi	Acidi grassi		Glucidi		Fibra alimentare	Colesterolo	Purine	Sodio	Potassio	Calcio	Ferro	CSI
						Saturi	Polinsaturi	Disponibili **	Solubili								
	g	g	Kcal.	g	g	g	g	g	g	g	mg	mg	mg	mg	mg	mg	
1 - LATTE																	
Latte di vacca intero	100	88	63	3,2	3,7	2,3	tr.	4,6	4,6	0	14	0	50	136	124	0,03	3,02
Latte di vacca p. scr.	100	88	49	3,5	1,8	1,2	tr.	5,0	5,0	0	3	0	46	170	120	0,1	1,36
Latte di vacca magro	100	91	33	3,4	0,2	tr.	tr.	4,7	4,7	0	2	0	50	150	120	0,03	0,1
Yogurt da latte intero	100	85	64	3,8	3,6	2,3	tr.	4,3	4,3	0	10	0	56	169	139	0,1	2,82
Yogurt da latte magro	100	91	42	3,8	1,1	0,7	tr.	4,3	4,3	0	8	0	57	182	152	-	1,11
2 - FORMAGGI E LATTICINI																	
Asiago	100	36	356	31,4	25,6	15,7	1,0	-	-	0	90	0	760	-	-	-	20,36
Bel Paese	100	39	373	25,4	30,2	18,6	1,1	-	-	0	90	0	630	111	640	0,6	23,29
Caciocavallo	100	30	387	29,9	29,7	18,0	1,1	-	-	0	90	0	1259	-	924	0,3	22,68
Certosino	100	57	268	17,5	22,0	13,5	0,8	-	-	0	90	0	430	125	440	-	18,14
Edam stagionato	100	42	345	29,0	25,0	15,4	0,9	1,0	1,0	0	102	0	1250	100	750	0,5	20,65
Emmenthal	100	35	386	29,0	30,5	18,4	1,1	-	-	0	100	0	221	57	1066	0,4	23,58
Fiocchi di latte magro	100	79	102	11,1	5,3	-	-	2,6	2,6	0	-	0	-	-	-	-	-
Fior di latte (mozzarella di vacca)	100	55	265	20,6	20,3	12,5	0,8	-	-	0	90	0	118	-	162	0,4	17,13
Fontina	100	39	374	25,2	30,4	18,6	1,1	-	-	0	90	0	451	89	870	0,3	23,29
Formaggio granulato tipo Cottage (Jocca)	100	82	88	11,0	4,0	2,5	0,2	2,1	2,1	0	-	0	229	85	94	0,3	-
Mascarpone	100	44	443	7,6	47,0	29,8	1,8	-	-	0	-	0	86	53	68	0,2	-
Mozzarella	100	60	224	19,9	16,1	9,9	0,6	-	-	0	97	0	137	38	403	0,2	14,85
Grana	100	29	363	27,5	28,1	17,8	0,8	-	-	0	95	0	-	-	1290	0,8	22,73
Parmigiano reggiano	100	29	374	36,0	25,6	16,0	1,0	-	-	0	95	0	587	81	1340	0,7	20,91
Pecorino fresco	100	42	332	26,0	25,4	15,3	1,2	-	-	0	-	0	1084	129	470	0,9	-
Provola affumicata	100	55	260	21,2	19,6	12,0	0,7	-	-	0	90	0	299	36	290	0,8	16,62
Provolone dolce	100	33	384	29,1	29,8	18,8	0,8	-	-	0	101	0	-	-	731	0,7	24,04
Ricotta fresca di vacca	100	73	136	12,2	8,0	4,9	0,3	4,0	4,0	0	32	0	-	-	394	0,5	6,55
Ricotta romana di pecora	100	63	271	8,4	25,1	16,1	1,2	3,2	3,2	0	51	0	256	37	84	0,6	18,81
Stracchino	100	48	326	22,1	26,4	16,2	1,0	-	-	0	90	0	463	69	474	0,6	20,86
Taleggio	100	50	306	20,5	24,8	15,0	0,9	-	-	0	90	0	1153	121	562	0,6	19,65
3 - UOVA																	
Albume d'uovo di gallina (33 g)	100	88	47	10,9	tr.	0	0	0,8		-	0	0	200	150	9	0,1	0
Tuorlo d'u. di gal. (17 g)	100	49	335	16,3	31,9	9,0	3,2	0,7	-	0	1480	0	50	586	147	6,1	83,09

Fonte: Fidanza - Liguori, *Nutrizione umana*, Idelson, Napoli 1995, con modifiche e integrazioni.

*: Nella tabella l'energia è espressa in Kcal. Si ricorda che per ottenere il valore in kJ occorre moltiplicare il dato per il fattore di conversione 4,184.

**: Il coefficiente energetico unitario (cioè per g) da utilizzare nei computi è 3,75 Kcal (pari a 15,60 kJ) in quanto i carboidrati disponibili sono espressi come monosaccaridi.

ALIMENTO	Parte edibile	Acqua	Energia *	Proteine	Lipidi	Acidi grassi		Glucidi		Fibra alimentare	Colesterolo	Purine	Sodio	Potassio	Calcio	Ferro	CSI
						Saturi	Polinsaturi	Disponibili **	Solubili								
	g	g	Kcal.	g	g	g	g	g	g	g	mg	mg	mg	mg	mg	mg	
Uovo di gallina (con guscio 57 g)	89	74	156	13,0	11,1	4,7	1,2	1,0	-	0	504	0	150	150	50	2,5	29,95
Uovo di anitra (con guscio 70 g)	88	71	190	12,2	15,4	4,5	1,0	0,7	-	0	-	0	100	150	57	2,8	-
Uovo di oca	87	70	188	13,8	14,4	3,9	1,8	1,0	-	0	-	0	-	-	52	2,6	-
Uovo di tacchina	87	73	147	12,8	10,2	3,4	1,2	1,0	-	0	-	0	-	-	49	4,1	-
4 - CARNI																	
Carne di abbacchio (coscia)	66	76	105	20,8	2,4	1,3	0,1	-	-	0	71	-	-	-	11	1,7	4,86
Carne di agnello, magra	100	73	121	20,0	4,6	2,4	0,1	0	0	0	71	80	100	350	10	2,0	5,97
Carne di anatra (pronta da cucinare)	82	58	288	15,9	24,9	6,6	3,3	0	0	0	75	60	200	-	9	3,5	10,42
Carne di bovino adulto, magra	100	72	129	20,7	5,1	2,1	0,2	-	-	0	68	58	100	350	11	2,3	5,52
Carne di bovino adulto, semigrassa	100	65	214	18,8	15,4	6,5	0,6	-	-	0	68	58	100	350	10	2,1	9,97
Carne di castrato, magra	100	76	122	17,0	6,0	3,2	0,2	0	0	0	71	65	-	-	10	2,2	6,78
Carne di cas., semigrassa	100	-	227	16,8	17,8	9,6	0,5	0	0	0	-	65	-	-	9	1,9	-
Carne di cavallo	100	75	110	20,9	2,8	1,0	0,4	0,5	-	0	-	-	50	300	12	3,2	-
Carne di coniglio (peso vivo infer. a 2 kg)	65	74	116	20,0	4,0	1,5	0,8	-	-	0	65	38	50	3,41	9	1,2	4,62
Carne di coniglio (peso vivo infer. a 4 kg)	65	73	130	20,3	5,4	2,1	1,0	-	-	0	65	38	50	3,41	9	1,2	5,37
Carne di coniglio (peso vivo super. a 4 kg)	65	64	212	18,1	15,5	6,0	2,9	-	-	0	-	38	50	3,41	9	1,2	-
Carne di fagiano	87	69	114	24,3	5,2	1,7	0,6	0	0	0	-	-	104	4,11	49	8,0	-
Carne di faraona (coscia)	85	74	114	24,3	1,8	0,5	0,4	0,2	-	0	75	80	-	-	-	-	4,26
Carne di faraona (petto)	100	74	107	25,1	0,7	0,2	0,2	0	0	0	75	-	-	-	-	-	3,95
Carne di gallina	65	66	186	21,5	11,0	3,2	2,7	0,2	-	0	101	60	100	300	16	1,5	8,28
Carne di lepre (coscia)	80	70	121	22,8	3,2	0,9	0,9	0	0	0	-	-	213	64	64	6,2	-
Carne di maiale pesante, magra	100	71	151	20,0	7,9	2,9	0,9	0	0	0	62	50	81	308	9	2,4	6,03
Carne di maiale pesante, semigrassa	100	55	274	16,6	23,0	8,6	2,6	0	0	0	62	-	81	284	8	1,7	11,79
Carne di maiale leggero, bistecca	100	74	101	18,4	3,1	1,1	0,4	0	0	0	62	50	112	352	8	1,6	4,21
Carne di maiale leggero, prosciutto	100	74	101	18,6	3,0	1,0	0,4	0	0	0	62	-	107	371	12	1,7	6,13
Carne di oca semigrassa (pronta da cucinare)	73	64	198	21,8	12,3	3,7	1,0	0	0	0	75	100	-	-	13	1,8	7,49
Carne di pecora	100	57	293	17,0	25,0	13,6	0,7	0	0	0	-	65	100	350	10	2,0	-
Carne di pollo (pronta da cucinare)	73	74	112	19,9	3,6	1,0	0,9	0	0	0	98	60	70	260	14	1,1	5,91

ALIMENTO	Parte edibile	Acqua	Energia *	Proteine	Lipidi	Acidi grassi		Glucidi		Fibra alimentare	Colesterolo	Purine	Sodio	Potassio	Calcio	Ferro	CSI
						Saturi	Polinsaturi	Disponibilità **	Solubili								
	g	g	Kcal.	g	g	g	g	g	g	g	mg	mg	mg	mg	mg	mg	
Carne di pollo (coscia)	75	74	130	19,6	5,7	1,7	1,4	0	0	0	88	-	67	250	13	1,8	6,12
Carne di pollo (petto)	100	74	108	22,4	2,1	0,6	0,5	0	0	0	67	-	61	325	10	0,8	3,96
Carne di tacchina (petto)	100	70	145	22,0	6,2	1,8	1,3	0,4	-	0	82	-	51	320	23	1,8	5,92
Carne di tacchino (intero) (pronto da cucinare)	75	72	146	21,0	6,8	2,0	1,5	0,1	-	0	82	79	66	315	23	3,1	6,12
Carne di tacchino (petto)	100	70	134	22,0	4,9	1,4	1,1	0,4	-	0	82	-	51	320	23	1,8	5,51
Carne di vitello	100	77	92	20,0	1,0	0,5	0,3	0,1	-	0	-	87	-	-	14	2,3	-
Carne di vitellone, magra	100	72	113	21,3	3,1	1,3	0,1	0	0	0	68	58	100	350	11	2,3	4,71
Carne di vitellone, semigrassa	100	70	160	19,1	9,3	3,9	0,3	0	0	0	68	-	100	350	10	2,1	7,34
Cervello di bovino	100	77	156	9,8	12,7	-	-	0,8	-	0	<2000	84	-	-	16	3,6	-
Cuore di bovino	100	78	123	16,8	6,0	1,9	1,2	0,5	-	0	150	94	-	-	9	4,6	9,42
Fegato di bovino (vitello)	100	71	132	20,0	5,0	2,1	0,8	2,0	-	0	300	120	100	300	7	8,8	17,12
Fegato di maiale	100	70	140	22,8	4,8	2,6	1,0	1,5	-	0	300	-	150	300	10	18,0	17,63
Fegatini di pollo	100	74	122	20,5	4,5	1,3	1,1	-	-	0	555	140	-	-	14	4,5	29,06
Lingua di bovino	100	71	157	19,0	9,0	4,7	0,3	-	-	0	140	55	100	250	10	3,0	11,75
Rene di bovino	100	77	111	17,0	4,6	2,0	0,1	0,4	-	0	375	94	180	230	9	8,0	20,77
Rigaglie di pollo	100	67	196	13,9	15,6	4,6	3,8	0,1	-	0	-	-	-	-	14	3,0	-
Trippa di bovino	100	78	106	16,1	4,6	2,4	tr.	-	-	0	155	22	-	-	11	0,8	10,7
5 - CARNI CONSERVATE																	
Bresaola	100	40	246	48,0	6,0	-	-	0	0	0	-	-	-	-	48	9,8	-
Carne in scatola	95	80	89	10,8	4,8	2,2	0,2	0,6	-	0	-	-	65	0	18	0,9	-
Ciccioli	100	12	5,24	40,8	40,0	14,9	4,6	-	-	0	-	-	-	-	30	1,4	-
Coppa	100	54	298	18,3	25,0	9,3	2,8	0	0	0	-	-	-	-	-	-	-
Cotechino	100	39	389	21,1	33,8	12,5	3,8	0	0	0	-	-	-	-	20	2,8	-
Lingua salmistrata in scatola	100	56	260	22,5	18,8	10,4	0,7	0,2	-	0	-	55	86	-	-	-	-
Mortadella di carne suina e bovina	100	41	415	13,9	39,9	18,2	3,0	0	0	0	-	-	-	-	40	2,2	-
Pancetta di maiale	86	41	425	14,3	40,9	15,2	4,7	0	0	0	215	28	1470	230	7	1,0	26,10
Prosciutto cotto	100	37	412	21,1	36,4	13,5	4,1	0	0	0	64	45	-	-	10	2,0	16,04
Prosciutto crudo	100	33	434	22,8	38,1	14,1	4,3	0	0	0	92	49	2733	323	21	1,4	18,84
Prosciutto crudo magro	100	61	153	28,0	4,6	1,7	0,5	0	0	0	92	49	2733	232	23	2,1	6,32
Salame di carne suina	97	28	475	22,5	42,8	15,8	4,9	0	0	0	-	23	-	-	21	2,4	-
Salame di carne suina stagionato	97	25	465	34,5	36,3	13,4	4,1	-	-	0	60	-	-	-	21	2,4	16,53
Salsiccia fresca di suino	100	48	361	14,3	33,8	12,5	3,0	0	0	0	-	23	-	-	31	4,3	-
Speck (magro)	100	67	116	22,3	3,0	1,1	0,3	-	-	0	-	-	1120	-	-	-	-
Würstel	100	57	292	12,6	26,8	10,0	3,1	0	0	0	65	tr.	941	227	12	2,6	13,35
Zampone	100	46	361	19,1	31,6	11,7	3,6	0	0	0	-	tr.	-	-	20	2,8	-

ALIMENTO	Parte edibile	Acqua	Energia *	Proteine	Lipidi	Acidi grassi		Glucidi		Fibra alimentare	Colesterolo	Purine	Sodio	Potassio	Calcio	Ferro	CSI
						Saturi	Polinsaturi	Disponibilità **	Solubili								
	g	g	Kcal.	g	g	g	g	g	g	g	mg	mg	mg	mg	mg	mg	
6 - PRODOTTI DELLA PESCA																	
Acciuga	66	76	89	16,8	2,4	0,6	0,6	-	-	0	70	130	104	383	147	2,8	4,11
Anguilla di fiume	71	59	261	11,8	23,7	5,1	7,9	0,1	-	0	117	117	-	-	31	1,0	11,0
Aragosta	29	78	86	16,2	1,9	0,4	0,4	1,0	-	0	164	66	-	-	60	0,8	8,60
Calamaro	65	79	69	12,6	1,7	0,4	0,7	0,7	-	0	222	-	425	93	144	-	11,5
Capitone	65	62	247	13,0	21,5	4,6	7,1	0,5	-	0	117	-	-	-	-	-	10,5
Carpa	50	72	127	15,8	6,8	1,1	1,0	0,7	-	0	70	54	50	286	34	1,0	4,61
Cefalo muggine	49	72	127	15,8	6,8	2,2	1,3	0,8	-	0	70	-	-	-	26	1,8	3,70
Dentice	48	79	323	17,0	1,0	0,2	0,2	0	0	0	70	-	-	-	38	1,2	3,70
Gambero	45	80	71	13,6	0,6	0,1	0,2	2,9	-	0	154	73	300	250	110	1,2	7,80
Gattuccio	60	79	70	14,4	0,8	0,2	0,2	1,3	-	0	-	-	-	-	-	-	-
Luccio	56	79	85	17,4	1,7	0,3	0,4	0	0	0	-	45	125	110	267	1,4	-
Merluzzo o Nasello	76	82	71	17,0	0,3	tr.	0,1	-	-	0	46	62	116	370	25	0,7	2,3
Mitilo	14	83	58	8,4	2,0	0,5	0,4	1,6	-	0	108	199	91	113	48	3,0	5,91
Ostrica	12	86	51	10,8	0,9	0,4	0,1	-	-	0	98	29	510	260	190	7,0	8,24
Palombo	65	78	80	16,0	1,2	0,3	0,3	1,3	-	0	70	-	-	-	31	1,0	3,80
Pesce spada	98	75	109	16,9	4,2	0,9	0,9	1,0	-	0	70	-	-	-	-	0,4	4,41
Piccoli pesci (miscuglio)	100	77	79	11,4	3,0	0,6	0,6	1,8	-	0	70	-	-	-	-	-	4,11
Polpo	90	81	57	10,6	1,0	0,4	0,2	1,5	-	0	140	-	-	-	-	0	7,40
Rombo	55	78	81	16,3	1,3	0,3	1,2	-	0	70	-	83	319	38	1,2	3,80	
Sarda	70	75	98	17,4	3,2	0,7	1,0	-	-	0	60	234	-	-	33	1,8	-
Seppia	50	79	72	14,0	1,4	0,3	0,3	0,8	-	0	-	-	110	216	30	-	-
Sogliola	45	78	83	15,9	1,7	0,4	0,6	0,9	-	0	57	86	127	330	12	0,8	3,71
Tinca	55	81	71	15,0	1,2	0,2	0,3	-	-	0	70	-	79	78	70	0,9	3,25
Tonno	90	62	226	21,5	15,5	4,2	5,7	0	0	0	52	-	43	-	38	1,3	6,84
Triglia	62	74	109	15,7	4,6	1,5	0,9	1,2	-	0	70	-	-	-	21	1,1	5,02
Trota	55	80	86	14,7	3,0	0,7	0,4	-	-	0	55	92	58	394	14	1,0	3,46
Vongole	25	79	73	10,2	2,5	0,8	0,5	2,4	-	0	50	117	-	-	-	-	3,31
7 - PRODOTTI DELLA PESCA SURGELATI																	
Calamaro	100	82	67	13,5	1,4	0,3	0,6	-	-	0	-	-	-	-	-	-	-
Gamberetti	100	83	63	13,6	1,0	0,2	0,2	-	-	0	178	73	-	-	-	-	9,10
Merluzzo o Nasello	75	81	75	17,3	0,6	0,1	0,2	-	-	0	-	62	116	370	32	0,3	-
Passera	68	79	97	16,1	3,6	0,8	1,3	-	-	0	-	-	110	346	25	0,6	-
Polpo	100	83	51	12,4	0,2	0,1	tr.	-	-	0	-	-	-	-	-	-	-
Seppia	98	82	60	14,1	0,4	0,1	0,1	-	-	0	-	-	-	-	-	-	-
Sgombro	75	81	70	16,1	0,6	0,1	0,1	-	-	0	-	-	-	-	-	-	-
Sogliola	48	79	81	17,3	1,3	0,3	0,4	-	-	0	-	86	127	330	11	0,4	-
San Pietro	34	81	72	17,2	0,3	0,1	0,1	-	-	0	-	-	-	-	-	-	-
8 - PR. DELLA PESCA CONSERVATI																	
Acciughe salate	95	69	105	12,2	6,2	2,1	2,2	-	-	0	-	-	2418	144	364	4,8	-
Alici sottolio	100	56	206	25,9	11,3	3,5	2,2	0,2	-	0	-	-	-	-	44	1,3	-
Baccalà ammollato	82	76	95	21,6	1,0	0,2	0,5	0	0	0	-	-	-	-	31	2,3	-

ALIMENTO	Parte edibile	Acqua	Energia *	Proteine	Lipidi	Acidi grassi		Glucidi		Fibra alimentare	Colesterolo	Purine	Sodio	Potassio	Calcio	Ferro	CSI
						Saturi	Polinsaturi	Disponibilità **	Solubili								
	g	g	Kcal.	g	g	g	g	g	g	g	mg	mg	mg	mg	mg	mg	
Salmone (in salamoia)	100	70	151	19,6	8,0	3,0	0,8	0	0	0	-	-	570	300	93	1,4	-
Sardine sottolio (sgocciolate)	73	57	198	22,3	12,1	3,6	3,6	-	-	0	140	234	480	-	613	2,8	10,64
Sgombri sottolio	88	59	201	25,3	10,7	3,2	3,2	1,0	-	0	94	-	-	-	32	0,9	7,93
Tonno (in salamoia)	100	73	103	25,1	0,3	0,1	0,1	0	0	0	63	-	-	-	-	-	3,25
Tonno sottolio (sgocciolato)	100	55	258	22,8	18,5	4,2	4,2	0	0	0	65	tr.	390	312	8	1,9	7,49
9 - LEGUMI																	
Ceci	100	12	298	16,5	6,9	0,9	3,9	45,1	5,6	18,7	0	-	216	854	128	8,1	0,91
Fagioli freschi	41	62	110	6,4	0,6	0,1	0,4	20,7	2,4	10,6	0	75	-	-	44	3,0	0,10
Fagioli in scatola	100	82	43	3,7	0,5	tr.	0,4	6,3	1,1	6,8	0	-	305	232	40	1,9	0
Fagioli secchi	100	14	254	16,7	2,9	0,4	2,1	43,0	5,6	24,1	0	150	227	1287	137	10,1	0,40
Fave fresche	29	79	52	4,1	0,8	0,1	0,4	7,7	1,8	5,0	0	tr.	12	323	23	1,8	0,10
Lenticchie	100	11	296	21,1	2,7	0,5	1,5	49,8	5,1	17,9	0	162	95	737	157	11,9	0,50
Lenticchie in scatola	100	80	61	4,4	0,4	-	-	10,7	1,1	5,3	0	-	399	208	19	1,2	-
Piselli freschi	47	76	70	7,0	0,2	tr.	0,1	10,6	4,0	5,2	0	54	4	340	47	1,8	0
Piselli in scatola	100	76	53	5,0	0,8	0,1	0,5	6,8	2,0	9,7	0	-	306	128	30	1,7	0,10
Piselli surgelati	100	79	54	5,7	0,4	0,1	0,2	7,5	4,1	7,8	0	54	3	190	33	1,5	0,10
10 - CEREALI E DERIVATI																	
Amido	100	9	379	0,4	0,2	-	-	100,1	0	-	0	-	-	-	13	0,4	
Biscotti Marie	100	2	409	6,8	8,1	-	-	82,3	18,1	5,7	0	-	410	140	22	0,9	
Wafers	100	4	439	7,1	15,0	-	-	73,5	48,3	1,6	0	-	70	160	73	1,6	
Colomba	100	19	380	6,9	14,0	-	-	60,0	23,0	2,7	0	-	-	-	-	-	
Cracker	100	5	438	8,7	13,2	-	-	75,8	2,5	-	0	-	-	-	-	-	
Farina di frumento 0	100	14	320	8,7	1,9	-	-	71,6	1,3	6,8	0	10	3	130	140	2,2	
Farina di frumento 00	100	14	343	11,0	0,7	-	-	78,0	1,7	3,4	0	10	2	140	17	0,7	
Farina di mais	100	12	358	8,7	2,7	-	-	79,8	0,5	-	0	-	4	4	6	1,8	
Fette biscottate integrali	100	5	365	10,1	5,2	-	-	74,1	10,0	11,0	0	10	-	-	-	-	
Fette biscottate normali	100	2	409	10,9	5,2	-	-	84,9	4,5	3,7	0	-	-	-	28	3,0	
Fiocchi di avena	100	10	372	8,0	7,5	-	-	72,8	tr.	7,0	0	-	33	370	54	5,2	
Fiocchi di mais	100	3	368	8,6	1,6	-	-	85,1	7,4	11,0	0	0	1160	99	3	0,6	
Grissini comuni	100	4	380	10,9	5,2	-	-	77,2	3,1	8,6	0	10	-	-	13	2,3	
Orzo perlato	100	12	326	7,8	1,0	-	-	76,3	0,7	9,1	0	10	3	120	10	0,7	
Pane al latte	100	20	347	8,8	7,6	-	-	64,9	3,6	3,1	0	10	500	150	70	-	
Pane all'olio	100	17	361	8,9	8,3	-	-	66,8	2,4	7,9	0	10	630	110	120	1,8	
Pane comune (1000 g)	100	32	247	7,0	0,7	-	-	56,5	1,1	7,9	0	10	665	161	13	1,4	
Pane comune (250 g)	100	29	279	8,7	0,2	-	-	64,7	0,6	2,8	0	10	665	161	64	1,7	
Panini (50 g)	100	26	290	8,3	0,4	-	-	67,5	1,9	2,8	0	10	836	176	66	0,8	
Panini (100 g)	100	28	281	7,7	0,5	-	-	65,4	0,6	2,8	0	10	836	176	66	0,8	
Pane di tipo integrale	100	37	229	9,0	1,6	-	-	47,5	2,2	17,8	0	-	550	210	25	2,5	
Panettone	100	27	334	6,4	10,7	-	-	56,5	22,9	2,7	0	-	115	162	149	3,0	
Pangrattato	100	10	354	11,6	1,9	-	-	77,5	2,6	3,4	0	15	760	150	130	2,8	

ALIMENTO	Parte edibile	Acqua	Energia *	Proteine	Lipidi	Acidi grassi		Glucidi		Fibra alimentare	Colesterolo	Purine	Sodio	Potassio	Calcio	Ferro	CSI
						Saturi	Polinsaturi	Disponibilità **	Solubili								
	g	g	Kcal.	g	g	g	g	g	g	g	mg	mg	mg	mg	mg	mg	
Pasta alimentare	100	12	336	10,8	0,3	-	-	77,4	3,3	5,3	0	10	28	311	17	1,3	
Pasta all'uovo	100	12	368	13,0	2,4	-	-	78,6	2,0	-	0	10	-	-	22	2,1	
Riso alimentare	100	15	340	6,3	1,0	-	-	81,7	0,3	4,2	0	30	6	110	6	0,6	
Semolino	100	14	350	10,7	1,8	-	-	77,5	tr.	-	0	-	12	170	18	1,0	
11 - PATATE																	
Patate	83	76	90	2,1	0,4	-	-	20,8	0,5	2,1	0	0,6	7	570	10	0,6	
Patate novelle	89	79	71	0,9	0,2	-	-	17,6	0,5	2,4	0	-	27	310	9	0,7	
12 - OLI E GRASSI																	
Burro	100	15	752	0,5	83,1	52,6	3,1	0,6	-	0	250	0	11	6	17	0,1	65,63
Crema al 30% di lipidi	100	64	292	30,0	19,0	1,1	3,2	-	0	-	-	-	-	-	-	-	-
Lardo salato	100	1	891	tr.	99,0	40,6	8,5	0	0	0	95	-	-	-	-	-	45,76
Margarina normale	100	16	730	0,1	81,0	51,9	5,4	0,1	-	0	105	-	300	5	20	tr.	57,67
Olio di arachide	100	0	900	0	100,0	20,1	24,8	0	0	0	0	0	0	0	0	0	20,30
Olio di girasole	100	0	900	0	100,0	10,5	47,8	0	0	0	0	0	0	0	0	0	10,61
Olio di mais	100	0	900	0	100,0	16,2	44,9	0	0	0	0	0	0	0	0	0	16,36
Olio di oliva	100	0	900	0	100,0	14,3	8,6	0	0	0	0	0	0	0	0	0	14,44
Olio di soia	100	0	900	0	100,0	15,3	58,3	0	0	0	0	0	0	0	0	0	15,46
Strutto	100	0,5	894	0,3	99,3	40,7	8,5	0	0	0	95	-	-	-	0	tr.	45,86
13 - ORTAGGI E VERDURE																	
Aglio	88	64	124	6,0	0,1	-	-	26,3	26,3	-	0	-	-	-	38	1,4	
Asparagi di serra	52	92	22	3,0	0,1	-	-	2,3	2,3	1,5	0	24	2	278	24	1,0	
Barbabietole rosse	82	91	19	1,1	0	0	0	4,0	4,0	2,1	0	-	84	300	20	0,4	
Bieta	88	94	12	1,3	0,1	-	-	1,5	1,5	1,2	0	-	31	-	67	1,0	
Broccoletti di rapa	60	90	22	2,9	0,3	-	-	2,0	2,0	3,0	0	-	7	-	97	1,5	
Broccolo	51	90	25	3,0	0,4	-	-	2,5	2,5	3,6	0	-	12	340	28	0,8	
Carciofi	56	86	17	1,7	0,2	-	-	2,3	2,0	7,8	0	tr.	133	376	86	1,0	
Carciofini sottolio	100	83	68	1,8	5,7	-	-	2,6	1,1	3,3	0	-	1053	146	44	1,0	
Cardi	70	94	8	0,6	tr.	-	-	1,5	1,5	-	0	-	23	293	96	0,2	
Carote	95	92	22	1,1	0	0	0	4,8	4,8	2,4	0	0	50	195	44	0,7	
Cavolfiore	66	90	25	3,2	0,2	-	-	2,7	2,4	2,7	0	24	8	350	44	0,8	
Cavolini di Bruxelles	76	86	31	4,0	0,5	-	-	2,9	2,8	4,2	0	-	10	380	30	1,0	
Cav. cappuccio rosso	94	92	19	1,9	0,2	-	-	2,6	2,6	2,5	0	-	32	300	60	1,0	
Cetriolo	77	96	14	0,7	0,5	-	-	1,8	1,8	0,4	0	0	13	140	16	0,3	
Cicoria catalogna	80	90	24	1,8	0,5	-	-	3,2	3,0	3,1	0	-	21	358	74	0,7	
Cicoria da taglio	89	95	12	1,2	0,1	-	-	1,7	1,7	-	0	-	7	180	150	1,5	
Cipolla	83	93	24	1,0	tr.	-	-	5,2	5,2	1,3	0	-	10	140	25	0,4	
Cipolline	93	88	35	1,3	0,1	-	-	7,6	7,6	2,7	0	-	13	230	51	0,4	
Crauti acidi	100	91	24	1,5	0,3	-	-	4,0	4,0	-	0	-	355	288	48	0,6	
Fagiolini	95	90	18	2,1	0,1	-	-	2,4	2,4	2,9	0	-	2	280	35	0,9	
Finocchi	61	93	16	0,5	0,3	-	-	3,2	3,2	1,8	0	-	141	276	46	0,2	
Foglie di rapa	63	91	18	2,6	0,1	-	-	1,7	1,7	2,6	0	-	-	-	169	2,7	

ALIMENTO	Parte edibile	Acqua	Energia *	Proteine	Lipidi	Acidi grassi		Glucidi		Fibra alimentare	Colesterolo	Purine	Sodio	Potassio	Calcio	Ferro	CSI
						Saturi	Polinsaturi	Disponibilità **	Solubili								
	g	g	Kcal.	g	g	g	g	g	g	g	mg	mg	mg	mg	mg	mg	
Funghi porcini	92	91	25	3,4	0,6	-	-	1,6	1,3	2,5	0	-	52	235	9	1,0	
Funghi prataioli coltivati	90	93	16	2,3	0,4	-	-	1,0	1,0	0,9	0	-	9	470	10	1,2	
Funghi sottolio	100	86	48	3,3	3,9	-	-	tr.	tr.	-	0	-	1650	99	15	0,8	
Giardiniera all'aceto	100	93	7	0,4	0,3	-	-	0,6	0,4	1,8	0	-	821	70	35	2,0	
Indivia	69	93	10	0,9	0,3	-	-	1,1	1,1	2,2	0	tr.	10	380	93	1,7	
Lattuga	80	94	15	1,8	0,4	-	-	1,1	1,1	1,5	0	9	50	240	45	0,8	
Melanzane	91	93	16	1,1	0,1	-	-	2,9	2,4	3,2	0	-	26	184	12	0,3	
Peperoncini	89	88	26	1,8	0,5	-	-	3,8	1,8	-	0	-	-	-	18	0,5	
Peperoni gialli	88	93	22	0,2	0,3	-	-	5,0	4,9	0,9	0	-	30	117	17	0,7	
Peperoni sottaceto	100	90	15	0,8	0,6	-	-	1,7	1,4	1,9	0	-	1248	131	36	2,6	
Pomodori da insalata	100	94	17	1,2	0,2	-	-	2,8	2,8	1,3	0	-	17	68	11	0,4	
Pomodori maturi	100	94	16	1,0	0,2	-	-	2,9	2,9	1,5	0	-	7	310	9	0,3	
Pomodori pelati	100	94	16	0,3	0,2	-	-	3,4	3,4	0,9	0	-	43	76	9	0,2	
Pomodori doppio conc.	100	75	71	1,1	0,6	-	-	16,4	16,4	2,5	0	-	172	213	41	1,6	
Prezzemolo	80	87	20	3,7	0,6	-	-	tr.	tr.	5,5	0	-	33	1080	220	4,2	
Radicchio	72	94	12	1,4	0,1	-	-	1,6	1,6	-	0	-	7	180	36	0,3	
Rape	69	93	16	1,0	tr.	-	-	3,3	3,3	2,2	0	-	58	240	40	0,6	
Ravanelli	99	95	12	0,8	0,1	-	-	2,2	2,2	1,0	0	-	59	240	39	0,9	
Scarola	60	93	15	1,6	0,2	-	-	1,7	1,7	1,5	0	-	9	240	30	0,3	
Sedano	72	88	22	2,3	0,2	-	-	2,9	2,7	3,2	0	15	140	280	31	0,5	
Spinaci	83	90	23	3,4	0,7	-	-	0,8	0,8	2,2	0	72	100	531	78	2,9	
Zucca gialla	81	95	15	0,6	tr.	-	-	3,4	2,7	-	0	-	1	202	20	0,9	
Zucchini	88	94	15	1,3	0,1	-	-	2,3	2,2	1,8	0	-	1	210	21	0,5	
14 - FRUTTA																	
Albicocche	94	86	31	0,4	0,1	-	-	7,6	7,6	2,1	0	0	tr.	320	16	0,5	
Amarene	85	84	41	0,8	0	0	0	10,2	10,2	-	0	-	-	-	15	0,4	
Ananas	57	84	46	0,5	tr.	-	-	11,6	11,6	1,2	0	0	2	250	12	0,4	
Arance	80	87	41	0,8	0,3	-	-	9,3	9,3	1,9	0		3	200	49	0,2	
Banane	65	77	80	1,2	0,3	-	-	19,2	16,2	1,8	0	0	1	350	7	0,8	
Cachi	97	82	56	0,6	0,3	-	-	13,6	13,6	1,4	0	0	25	87	8	0,3	
Ciliege	86	86	48	0,8	0,1	-	-	11,7	11,7	1,3	0	0	3	280	30	0,6	
Cocomero	63	92	28	0,2	0,1	-	-	7,1	7,1	0,2	0	-	4	120	7	0,2	
Fichi	79	81	62	0,3	0,3	-	-	15,5	15,5	1,6	0	0	9	137	38	0,5	
Fragole	98	90	29	0,9	0,4	-	-	5,9	5,9	2,2	0	0	2	160	35	0,8	
Limoni	64	90	14	0,6	0	0	0	3,2	3,2	5,2	0	0	6	160	14	0,1	
Mandarini	61	87	41	0,7	0,4	-	-	9,1	9,1	1,9	0	0	2	160	32	0,3	
Melagrane	59	80	63	0,5	0,2	-	-	15,9	15,9	-	0	-	-	-	tr.	0,3	
Mele	86	86	45	0,2	0,3	-	-	11,1	11,1	2,0	0	0	14	117	6	0,3	
Melone d'estate	60	89	30	0,2	0,2	-	-	7,3	7,3	0,9	0	0	8	333	8	0,6	
Nespole	66	85	28	0,4	0,4	-	-	6,1	6,1	5,9	0	-	6	250	16	0,3	
Noci fresche	58	19	582	10,5	57,7	-	-	5,5	3,4	5,2	0	-	3	690	131	2,6	
Pere	83	86	38	0,3	0,4	-	-	8,9	8,9	2,6	0	0	2	130	10	0,3	
Pesche	91	91	30	0,8	0,1	-	-	6,9	6,9	1,4	0	0	3	260	4	0,4	
Pinoli mondati	100	7	567	29,6	47,8	-	-	5,0	5,0	-	0	-	-	-	40	2,0	
Pompelmo	68	88	36	0,6	0,2	-	-	8,3	8,3	1,8	0	-	1	230	17	0,3	

ALIMENTO	Parte edibile	Acqua	Energia *	Proteine	Lipidi	Acidi grassi: Saturi	Acidi grassi: Polinsaturi	Glucidi: Disponibilità **	Glucidi: Solubili	Fibra alimentare	Colesterolo	Purine	Sodio	Potassio	Calcio	Ferro	CSI
	g	g	Kcal.	g	g	g	g	g	g	g	mg	mg	mg	mg	mg	mg	
Susine	89	88	36	0,5	0,1	-	-	8,9	8,9	2,1	0	-	2	190	13	0,2	
Uva	94	84	54	0,5	0,1	-	-	13,5	13,5	1,5	0	-	2	285	27	0,4	
15 - FRUTTA SECCA E FARINOSA																	
Arachidi	65	4	586	22,8	50,0	-	-	12,0	5,6	8,1	0	-	6	754	53	2,2	
Castagne fresche	74	47	181	1,8	2,9	-	-	39,4	15,3	10,1	0	-	11	930	34	3,9	
Castagne secche	100	10	297	4,7	3,0	-	-	67,0	26,1	17,2	0	-	-	-	52	2,0	
Datteri	90	17	256	2,7	0,6	-	-	63,9	63,9	8,7	0	0	5	750	69	2,7	
Fichi seccati al forno	100	19	289	3,5	2,7	-	-	66,9	66,9	-	0	0	-	-	186	3,0	
Mandorle secche	28	8	574	19,5	53,3	-	-	4,3	4,3	13,9	0	-	6	860	236	4,6	
Nocciole secche	50	13	599	14,5	58,1	-	-	4,8	4,8	6,7	0	-	2	368	239	4,1	
Noci secche	40	5	649	15,8	61,4	-	-	8,8	5,9	6,4	0	-	11	446	90	3,1	
Prugne secche	84	29	177	2,2	0,5	-	-	43,7	43,7	17,5	0	-	9	706	51	3,9	
Uva secca	100	22	246	1,1	tr.	-	-	63,4	64,4	6,8	0	-	52	860	61	1,6	
Uva secca sultanina	100	17	256	1,8	0,7	-	-	64,7	64,7	7,0	0	-	53	860	52	1,4	
16 - FRUTTA CONSERVATA																	
Marmellata (1)	100	41	209	0,6	tr.	-	-	55,2	55,2	2,2	0	-	7	90	10	0,8	
Marmellata (2)	100	33	236	0,6	tr.	-	-	62,3	62,3	2,4	0	-	11	83	26	2,0	
Olive nere	75	55	301	2,4	29,6	-	-	6,7	6,7	3,4	0	-	78	627	41	2,5	
Sciroppata di pesche gialle	100	74	87	0,4	tr.	-	-	22,9	22,9	1,0	0	-	1	150	4	0,4	
17 - BEVANDE ZUCCHERINE																	
Arance spremute	100	89	37	0,5	tr.	-	-	9,4	9,4	0	0	-	2	180	15	0,2	
Aranciata	100	86	53	-	0	0	0	14,2	14,2	0	0	-	3	19	11	0,3	
Coca-Cola	100	89	39	tr.	0	0	0	10,5	10,5	0	0	-	8	1	4	tr.	
Succo di albicocca	100	86	47	0,3	0,1	-	-	12,0	12,0	0,2	0	-	-	70	9	0,4	
Succo di pompelmo naturale	100	90	30	0,3	tr.	-	-	7,9	7,9	0	0	-	9	123	13	0,4	
18 - BEVANDE ALCOLICHE																	
Birra comune	100		47	0,3	0	0	0	3,0	-	0	0	-	11	32	6	tr.	
Brandy, Cognac, Whisky, Rhum	100		226	tr.	0	0	0	<1,0	-	0	0	-	tr.	tr.	tr.	tr.	
Grappa	100		248	-	0	0	0	-	-	0	0	-	-	-	-	-	
Marsala fine	100		114	-	-	-	-	5,0	-	0	0	-	-	-	-	-	
Vermouth	100		158	-	0	0	0	17,4	-	0	0	-	-	-	-	-	
Vino comune	100		75	0,1	0	0	0	0,1	-	0	0	-	49	78	9	1,0	

(1): comprende albicocche, fichi, mele cotogne, pesche, prugne.
(2): comprende amarene, ciliegie, fragole, fruttuva, marasche.

ALIMENTO	Parte edibile	Acqua	Energia *	Proteine	Lipidi	Acidi grassi		Glucidi		Fibra alimentare	Colesterolo	Purine	Sodio	Potassio	Calcio	Ferro	CSI
						Saturi	Polinsaturi	Disponibilità **	Solubili								
	g	g	Kcal.	g	g	g	g	g	g	g	mg	mg	mg	mg	mg	mg	
19 - ALIMENTI VARI																	
Aceto	100	-	4	0,4	0	0	0	0,6	0,6	-	0	-	20	89	15	0,5	0
Cacao in polvere amaro	100	4	331	13,9	22,7	12,8	tr.	19,7	1,7	28,9	0	-	950	1500	130	10,5	12,93
Cacao in polvere zuccherato	100	3	349	4,5	8,6	4,8	tr.	67,7	62,2	7,3	0	-	-	-	40	4,4	4,85
Caramelle	100	-	359	0	0	0	0	95,7	95,7	-	0	-	-	-	-	-	0
Cassata (gelato)	100	54	243	3,7	13,6	8,6	0,5	28,3	28,3	-	40	-	-	-	-	-	10,69
Cioccolato al latte	100	2	564	8,9	37,6	21,4	1,4	50,8	50,8	-	74	-	120	420	262	3,0	25,31
Cioccolato al latte (nocciolato)	100	1	569	10,8	40,1	-	-	44,1	44,1	-	-	-	-	-	-	-	-
Dadi per brodo	100	-	177	5,6	17,2	-	-	0	0	-	0	6	-	-	-	-	-
Estratto di carne	100	18	219	54,0	0,4	-	-	-	-	0,9	-	-	3811	-	-	1,3	-
Estratto di lievito	100	30	162	40	0,2	-	-	0	0	-	-	-	6000	3500	200	5,0	-
Farina di castagne	100	11	323	5,2	3,7	-	-	71,6	27,5	10,9	0	-	11	847	50	3,2	-
Fecola di patate	100	19	335	0,2	0,1	0	0	8,8	-	2	0	-	-	-	20	0,5	0
Gelato al latte	100	56	240	5,2	13,6	8,6	0,5	25,8	25,8	0	40	-	100	150	160	0,1	10,69
Granita al limone	100	73	106	tr.	0	0	0	28,4	28,4	0	0	-	tr.	14	1	tr.	0
Ketchup	100	65	98	2,1	tr.	-	-	24,0	22,9	-	0	0	1120	590	25	1,2	-
Lievito di birra compresso	100	71	93	12,1	0,4	-	-	11,0	11,0	-	-	-	16	610	13	4,9	-
Maionese	100	11	787	2,3	86,4	13,0	7,5	0,1	0,1	0	206	-	8	20	21	0,9	23,43
Miele	100	23	294	0,4	0,6	-	-	76,4	76,4	-	0	0	6	7	13	0,4	-
Polvere istantanea di patate	100	7	318	9,1	0,8	-	-	73,2	2,2	16,5	0	-	11,90	1550	89	2,4	-
Torrone alla mandorla	100	7	479	10,8	26,0	-	-	52,0	52,0	-	0	-	-	-	80	3,5	-
Zucchero	100	0,5	392	0	0	0	0	104,5	104,5	0	0	-	1	3	0	0,1	0
20 - DOLCI																	
Bignè	100	35	376	4,1	24,0	-	-	38,2	26,3	-	-	-	160	92	48	1,0	-
Brioche	100	20	412	7,2	18,3	-	-	58,4	10,7	-	-	-	-	52	9	1,3	-
Cannoli alla crema	100	34	369	6,2	20,7	-	-	42,2	10,9	-	-	-	-	-	52	1,3	-
Crema per pasticceria	100	59	192	4,8	6,4	2,6	0,4	30,7	25,9	0,2	198	-	38	110	97	0,8	12,53
Crostata	100	18	408	5,3	17,7	8,6	1,2	60,6	32,6	1,9	68	-	15	89	14	0,7	12,09
Marzapane	100	30	304	11,2	5,8	2,4	0,6	55,4	32,5	1,0	252	-	102	138	31	1,5	15,02
Merendine con marmellata	100	20	358	5,5	8,3	-	-	69,9	46,6	-	-	-	-	98	11	0,8	-
Merendine farcite	100	14	414	6,2	15,1	-	-	67,6	45,7	-	-	-	-	-	17	1,8	-
Merendine tipo pan di Spagna	100	15	435	6,8	19,8	-	-	61,4	20,3	2,5	-	-	-	103	10	1,2	-
Pan di Spagna	100	28	314	8,5	6,5	3,1	0,5	59,4	32,4	1,2	185	-	54	104	24	1,1	12,38
Torta margherita	100	19	368	8,9	10,4	-	-	63,6	34,1	-	-	-	-	-	9	2,8	-
Torta al cioccolato	100	26	377	4,9	17,5	7,8	0,9	36,8	27,6	3,6	-	-	103	199	29	2,0	-

Indice alfabetico delle ricette